日本公認会計士協会
歴代会長に聞く
― 公認会計士の歩み ―

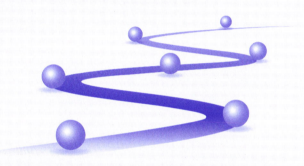

日本公認会計士協会 編

日本公認会計士協会出版局

発刊に当たって

　我が国の公認会計士制度は、2018年7月に制度制定70周年を迎えた。この節目に当たり、日本公認会計士協会は、記念行事の一環として、機関誌「会計・監査ジャーナル」にて、「公認会計士制度70周年特別企画　日本公認会計士協会歴代会長に聞く!!」と題し、歴代会長のインタビュー記事を掲載した。

　在任中、難しい場面に直面して、歴代会長はどのように考え、どのように行動したかを振り返ってもらうことで、公認会計士業界の軌跡を辿るような連載となった。また、インタビューでは、会長在任中の出来事に加え、一人一人の公認会計士としての歩みにも触れており、公認会計士制度70年の歴史の一端を感じられる企画になったと思う。

　私は、2019年の7月に会長に就任した。本書の中では、歴代会長の様々な経験が詳細に語られており、改めて、協会会長の職責の重さを感じるとともに、「前進～未来へ」のスローガンの下、公認会計士が社会からの信頼をより一層得られるよう、会務に取り組んでいく想いを強くしているところである。

　この貴重な「歴史の証言」を一冊の書籍にまとめて出版することにより、より広い方々に読んでいただき、少しでも公認会計士業界の歩みを感じていただければ幸いである。

　また、書籍化に当たり、各会長在任中に起きた「会計・監査に関連する事象」、時代背景を表す「世相」を併せた年表、また、関連するトピックにまつわるコラムをそれぞれ2点収録した。併せてお読みいただくことで、インタビューの内容をより深く理解いただくことができ、さらには、我が国の会計・監査の歴史への誘いにもなると考えている。

　歴代会長が語るそれぞれの体験が読者、特に若い公認会計士や、これから公認会計士を目指す若者たちの糧となり、今後の自身の公認会計士としての進路や、公認会計士業界の発展のために活かしていただけることを期待してやまない。

　なお、2018年7月にインタビューにご対応いただいた山本秀夫氏は、2019年4月に逝去された。山本元会長のご冥福を心からお祈り申し上げる。

　最後に、インタビューのために貴重な時間を割いていただいた歴代会長の方々に深く感謝申し上げる。

2019年11月

日本公認会計士協会
会長　手塚正彦

日本公認会計士協会　歴代会長一覧

氏 名	任 期	在任期間	故人＊1
森　　　吉之助（代表常務理事）	1949.10～1950.02	4ヶ月	○
太 田 哲 三	1950.02～1961.07	11年5ヶ月	○
鈴 木 貞一郎（会長職務代行）	1961.07～1961.09	2ヶ月	○
辻　　　　眞	1961.09～1966.11	5年2ヶ月	○
井 口 太 郎	1966.12～1967.02	3ヶ月	○
等 松 農夫蔵	1967.03～1969.06	2年3ヶ月	○
井 口 太 郎	1969.06～1971.06	2年	○
宮 坂 保 清	1971.06～1977.06	6年	○
尾 澤 修 治	1977.06～1979.06	2年	○
中 瀬 宏 通	1979.06～1981.07	2年	○
川 北　　博	1981.07～1985.07	4年	○
村 山 徳五郎	1985.07～1989.07	4年	○
山 上 一 夫	1989.07～1992.07	3年	○
山 本 秀 夫	1992.07～1995.07	3年	○
高 橋 善一郎	1995.07～1998.07	3年	○
中 地　　宏	1998.07～2001.07	3年	
奥 山 章 雄	2001.07～2004.07	3年	
藤 沼 亜 起	2004.07～2007.07	3年	
増 田 宏 一	2007.07～2010.07	3年	
山 崎 彰 三	2010.07～2013.07	3年	
森　　　公 高	2013.07～2016.07	3年	
関 根 愛 子	2016.07～2019.07	3年	
手 塚 正 彦	2019.07～		

1949年10月から1953年4月まで：任意団体
1953年4月から1966年11月まで：社団法人
1966年11月から2004年3月31日まで：認可法人（特殊法人）
2004年4月1日から現在まで：特別民間法人
＊1　2019年10月現在
＊2　本書は、インタビューを実施した方のみ収録しております。

日本公認会計士協会
歴代会長に聞く
―公認会計士に聞く―
Contents

Episode 01 山本 秀夫 氏 …… 1

> *Column* 監査法人制度の確立と発展　20
> 公認会計士の多様化　21

Episode 02 奥山 章雄 氏 …… 25

> *Column* エンロン・ワールドコム事件の衝撃
> ―SOX 法の制定とそれが世界に与えた影響―　46
> 銀行監査の歴史　46

Episode 03 藤沼 亜起 氏 …… 55

> *Column* 海外会計事務所の日本進出と日本の監査法人との提携の変遷　74
> 世界会計士会議と国際会計士連盟の歴史　77

Episode 04 増田 宏一 氏 …… 83

> *Column* 公認会計士試験制度の変遷　102
> 監査制度の変遷　103

Episode 05 山崎 彰三 氏 …… 109

> *Column* アジア太平洋会計士連盟の歴史　127
> IASC から IASB へ ―会計基準の国際的調和化・統一化の歴史―　130

Episode 06 森　公高 氏 …… 137

> *Column* 公認会計士による税務業務の歴史　156
> 非営利法人への公認会計士監査の導入　159

Episode 07 関根 愛子 氏 …… 167

> *Column* 非財務情報開示の発展　188
> 公認会計士業界におけるダイバーシティの変遷　191

海外団体について

ASBJ (Accounting Standards Board of Japan)
企業会計基準委員会

日本における会計基準の設定主体。金融庁の企業会計審議会の役割を引き継ぎ、2001年に財団法人財務会計基準機構（現、公益財団法人財務会計基準機構、FASF）内に設けられた民間の独立した会計基準設定主体である。委員会は公認会計士、財務諸表作成者、アナリスト、大学教授など10数名の委員から構成される。

日本の上場企業等で用いられる会計基準の質の向上を図るため、日本基準を高品質で国際的に整合のとれたものとして維持・向上を図るとともに、国際的な会計基準の質を高めることに貢献すべく意見発信を行っている。

CAPA (Confederation of Asian and Pacific Accountants)
アジア・太平洋会計士連盟

アジア・太平洋地域における各国の会計士団体から構成される組織。現在、日本、韓国、中国、インド、オーストラリア、ニュージーランドなど23カ国32団体で構成。定期的に会議を開催し会計についての情報交換、議論を行う。

FASB (Financial Accounting Standards Board)
米国財務会計基準審議会

アメリカにおける会計基準の設定主体。独立の民間の非営利組織として、1973年に設立された。FASBは、米国証券取引委員会（SEC）により、公開企業のための指定された会計基準設定主体として認識されており、FASBの基準は、各州の公認会計士審査会及び米国公認会計士協会（AICPA）を含む、その他の多くの組織により権威のあるものとして認識されている。

FASBは、2002年にIFRSと米国基準をコンバージェンスすることをIASBと合意（ノーウォーク合意）後、2006年に統合加速に向けて覚書（MOU）を締結し、IASBと共同でコンバージェンスを進めてきており、両審議会で共通の収益認識基準などを公表した。しかしながら、FASBとIASBが必ずしもすべての原則や個別論点について合意に至っているわけではない。

IAASB (International Auditing and Assurance Standards Board)
国際監査・保証基準審議会

国際会計士連盟（IFAC）の中に設置されている国際監査基準（ISA）の設定機関。世界各国の会計士、大学教授など18名のメンバーで構成され、オブザーバーとして、欧州委員会、日本の金融庁等が参加している。会計基準の世界的調和が急速に進んでいるが、監査基準も世界で調和をはかろうと活動が強化されている。また、会計士の仕事として重要な保証業務に関する基準も作成している。

IASB (International Accounting Standards Board)
国際会計基準審議会

国際財務報告基準（IFRS）の設定主体。IASB の前身である国際会計基準委員会（IASC）の理事会は、1973 年に、主要 9 か国（オーストラリア、カナダ、フランス、ドイツ、日本、メキシコ、オランダ、イギリス、アメリカ）の会計士団体の合意により発足した。2001 年に IASC は改組され、基準の設定主体としての IASB とその運営組織の IASC 財団が設立された。2010 年に IASC 財団は IFRS 財団に改称されている。IFRS 財団は、独立した民間の非営利組織であり、高品質で理解可能、かつ執行可能な国際的に認められた財務報告基準の開発を目的としている。

IASB は、IFRS 財団評議員会（日本から 2 名任命されている）によって任命された 14 名の理事（日本からの 1 名含む）から構成されている。

IFAC (International Federation of Accountants)
国際会計士連盟

世界の会計士団体により構成される国際機関。1977 年、日本を含む 49 か国 63 会計士団体を構成員として、会計専門職の発展を目指して設立された。現在 130 か国、175 以上の加盟団体を有し、284 万人以上の職業会計士を代表する組織となっている。IFAC は、会計基準以外の会計士に関わる業務基準、たとえば監査基準、会計士の倫理規程、資格試験などに関わる教育基準などを外部機関の適切なモニタリングの下で定めている。

IFRS (International Financial Reporting Standards)
国際財務報告基準（IFRS）

国際会計基準審議会（IASB）が公表した基準及び解釈指針の総称。(a)IASB が公表した国際財務報告基準（IFRS）、(b)IASB の前身機関である国際会計基準委員会（IASC）が公表した国際会計基準（IAS）、(c)IFRS 解釈指針委員会が開発した解釈指針（IFRIC 解釈指針）及び前身機関である解釈指針委員会が開発した解釈指針（SIC 解釈指針）で構成される。日本ではこれらを総称するときに「国際会計基準」という用語を使う場合がある。

EU 加盟国、オーストラリア、香港など 140 か国以上が IFRS 基準を、すべて又はほとんどの自国の上場企業及び金融機関に要求しており、既に世界的に普及している。

日本では、2010 年 3 月期より「指定国際会計基準」の任意適用が認められており、既に 200 社以上が適用済み又は適用を決定している。また、我が国における会計基準に係る基本的な考え方に合わない項目（のれんの非償却、その他の包括利益のノンリサイクリング処理）を修正した「修正国際基準（JMIS）」の適用も 2016 年 3 月期より認められているが、適用する企業はない。

ISA (International Standards on Auditing)
国際監査基準

国際的な監査の基準。国際会計士連盟(IFAC)の中にある国際監査・保証基準審議会(IAASB)で策定される。既に 100 を超える国が ISA を採用している。近年の国際的な企業会計不祥事により、国際監査基準（ISA）もより厳格化されてきた。日本の監査の基準は、企業会計審議会（金融庁）が設定する監査基準、日本公認会計士協会が公表する監査基準委員会報告書等を合わせて「一般に公正妥当と認められる監査の基準」とされており、国際監査基準の内容を取り込んだものとなっている。

Episode 01

日本公認会計士協会 相談役
山本秀夫 氏

■ インタビュアー

機関誌編集委員会 副委員長
林　敬子 氏

日本公認会計士協会 主任研究員
関川　正 氏

Episode 01

公認会計士の皆さんには、職業的懐疑心をしっかりと発揮することを心がけてほしいと思います。

在任中の出来事

	会計・監査に関連する事象	世相
1992年	7月 ・証券取引等監視委員会発足 8月 ・本会、監査基準委員会発足 10月 ・第14回世界会計士会議（ワシントンD.C）開催	7月 ・第25回オリンピック競技大会（バルセロナ）開催 10月 ・天皇陛下が史上初の訪中
1993年	1月 ・IASC議長に白鳥栄一氏が就任 ・共同債権買取機構が発足 ・EC統合市場発足	6月 ・徳仁皇太子、小和田雅子さんご成婚 7月 ・北海道南西沖地震 発生 8月 ・細川連立政権発足（55年体制崩壊）
1994年	6月 ・ニューヨーク外国為替市場で1ドル99円台、戦後初の100円割れ 12月 ・公認会計士数が1万人を超える	1月 ・北米自由貿易協定（NAFTA）発効 2月 ・第17回オリンピック冬季競技大会（リレハンメル）開催 4月 ・羽田内閣発足 6月 ・村山内閣発足（自民・社会・さきがけの連立政権） ・松本サリン事件
1995年	1月 ・世界貿易機関（WTO）発足 ―公認会計士試験新制度開始（短答式試験導入など）	1月 ・阪神・淡路大震災 3月 ・地下鉄サリン事件

◆ 会社勤めをしながら公認会計士を目指す

林 本日は、山本さんが協会の会長時代のことをはじめとして、昔のことをいろいろとおうかがいしたいと思います。

山本 もう年だから、昔のことは忘れていることも多いけどね。

関川 失礼ですが、おいくつになられるのでしょうか。

山本 大正11年（1922年）生まれだから、96歳になります。

関川 私ごとになりますが、山本さんが協会会長でいらした1992年7月から1995年7月は、私が協会の研究員として勤務先の監査法人から出向していた時期にほぼ重なっています。そういうこともあり、今日はお話をおうかがいするのを楽しみにしていました。

山本 そうでしたね。当時の協会は、文京区の本郷にありました。職員の人数もまだ少なかったですね。

林 山本さんは、三菱鉱業株式会社に勤務するかたわら公認会計士試験を受験されたとお聞きしましたが、どのような理由で公認会計士試験を受験されることになったのでしょうか。

山本 昔の簿記では、仕訳帳に簿記棒で赤い線を引き、そろばんで計算を行った結果を記載していました。そして、仕訳帳や総勘定元帳は装丁してあり、一度記載したものは変更できないようにしていました。当時、私も、簿記とはそういうものであると考えていたのですが、黒澤　清先生の機械会計をテーマとした日本経済新聞の連載記事を読み、その内容に衝撃を覚えました。将来的に簿記や会計の世界がどのように変化していくのかについて、興味を持ったのです。

関川 機械会計というと、今でいうコンピュータのようなものなのでしょうか。

山本 それよりももっと前段階の計算機みたいなものです。

　会計についてもう少し深く勉強してみようと会計の専門雑誌を読んだのですが、それまで私が知らなかったことがたくさん書かれていました。お恥ずかしい話ですが、当時は有価証券報告書も知らなかったのです。有価証券報告書の存在を知り、そして、ここに含まれる財務諸表の監査証明を行う公認会計士の存在も知りました。

関川 公認会計士を目指すための勉強は独学でされたのでしょうか。

山本 会社に勤めるかたわら、中央大学の恩師の井上達雄教授が中心となって運営されていた中央大学経理研究所に通い講義を受けました。このように実務や座学を通じて会計や簿記を勉強していく中で、せっかくなので公認会計士試験第二次試験を受験してみようと思ったのです。

林 最初の受験で合格されたのでしょうか。

山本 たしかそうだったと思います。

関川 山本さんが当時の公認会計士試験第二次試験に合格されたのは、1955年ですので、33歳の時ということですね。

◆ 実務補習所の６期生

林 当時、公認会計士試験の合格者は、山本さんのように会社勤めをされている方が多かったのでしょうか。

山本 そうですね。第二次試験合格後に、中央大学の実務補習所に入ったのですが、実務補習生は、会社勤めをしているか、自分で会計事務所を開業しているか、大学の先生などが多かったですね。

関川 当時はまだ、協会が運営する実務補習所はなく、中央大学実務補習所が日本で唯一の実務補習所だったそうですね。

山本 私は、この中央大学実務補習所の６期生です。実務補習所の修了時に、同期の会計士補で「六補会」という会を作りました。六補会のメンバーは多士済々で、その後に大会社の社長、大学の学長、大手監査法人の理事長に就任した者もいました。

関川 そうそうたるメンバーですね。そして、このメンバーの中から、その後に協会の会長に就任される方も出てくるわけですね（笑）。

◆ 公認会計士として開業

林 公認会計士試験合格後も、引き続き三菱鉱業に勤務されていたのでしょうか。

山本 そうです。このころの三菱鉱業の主な商売は石炭採掘で、多くの炭鉱を持っていました。ところが、1950年後半から日本の主たるエネルギー源が石

炭から石油に代わっていくことになるのです。

関川 いわゆる「エネルギー革命」ですね。

山本 多くの炭鉱が閉山に追い込まれました。炭鉱の閉山に関連して、閉山時、閉山後に必要となる鉱害処理費を未払計上して、損金に算入する終山鉱害未払金という制度がありました。安定鉱害といって、鉱害の進行が停止してある程度賠償額が固まった場合に通商産業省が認定した鉱害賠償費を未払金として計上できるようになります。

関川 ということは、採掘がかなり進んだ段階でないと、鉱害賠償に関する費用が計上されないということなのでしょうか。

山本 そのとおりです。私は、こういった炭鉱の閉山に係るコストをあらかじめ見込んで費用計上すべきだと主張していました。そもそも、こういったコストを含めていなかったので石炭の販売価格は安価に抑えられていて、いざ石油の時代になって閉山という時には、閉山に必要な費用を捻出できなくなってしまうのです。

　こういったことを議論する中で会計実務や会計理論にのめりこんでいきました。

林 現在の資産除去債務や、原子力発電所の廃炉コストにもつながる話ですね。

山本 そのとおりですね。一方で、会社の主力ビジネスだった石炭が立ち行かなくなったこともあり、私自身の将来について六補会の仲間に相談しました。その際に、個人で会計事務所を経営している方の話を聞く機会があり、私自身も会社を辞めて会計事務所を立ち上げようと思ったのです。

林 三菱鉱業を希望退職されるような形となったのでしょうか。

山本 そうですね。退職金の割増しももらえるという話だったので、自分から手を挙げて退職しました。辞める理由を問われた時、会計事務所を開くと答えたところ、どうして公認会計士の資格を取ったのだと怒られたことを覚えています（笑）。

関川 公認会計士試験の受験や実務補習所への通学も会社には黙ってなされていたのですね。

山本 そう、内緒でやっていたのです。

　会社を辞める時は怒られたのですが、その後、三菱鉱業の様々な方が、私の会計事務所を応援してくれました。

Episode | 01

◆ 監査業務に活きた会社勤めの経験

山本　会社を辞めて自分の会計事務所を構えた後、三菱鉱業の経理担当役員から「話があるので会社まで来てほしい」という連絡を受けました。会社を訪問したところ、嶋田　宏さんという著名な公認会計士を紹介されて、この方の事務所で監査業務に従事してはどうかとの提案をいただきました。私は、まだ、公認会計士としては駆け出しで、事務所の運営を心配してそのような提案をいただいたのです。結局、嶋田さんの下で監査業務に従事することにしました。

関川　山本さんが三菱鉱業を退社されたのが、1960年ということは、38歳の時ですね。失礼ながら、この年齢から新しいことを始めるのは結構大変だったのではないですか。

山本　そうですね。なにしろ、監査業務に従事するのは初めてのことでしたので、当初は苦労をしました。しかし、業務に慣れてくると、企業で長年仕事をしてきたことが非常に役立ちました。監査業務を遂行するためには、会計や監査の知識だけではなく、企業の組織の仕組みだとか企業のビジネスの仕組みの理解が重要です。長年の会社勤めでそういったことを肌感覚で理解していたことが大きかったですね。

林　その当時、監査業務を行うに当たって心がけていたことは何かありますでしょうか。

山本　やっぱり、ダメなものはダメとはっきりと言うことですね。例えば、企業の上層部が何かおかしなことをしようとする場合、実務を担っている部下は心の中では反対ということもあるわけです。そういった時は、監査人が何を言うかをじっと見ています。おかしな会計処理に対して、私がおかしいと指摘すると、「やっぱり山本さんは正しいことを言っている」ということになります。本当の信頼関係はそういうところから生まれてくると思います。

◆ 監査法人の設立と合併

関川　その後、山本さんは監査法人和光事務所や新和監査法人の設立にも携わられました。その当時の話を教えてください。

山本 当時、山陽特殊製鋼株式会社をはじめとする企業の粉飾事件が発生し、これをきっかけとして組織的監査を推進するために監査法人制度が創設されました。

関川 1966年の公認会計士法改正ですね。

山本 私も、そのころまでには、個人の会計事務所で大手企業の監査を引き受けるようになっていましたが、適切な監査を行うためには、法人化して組織的に監査を実施しなければならないと考えました。そこで、嶋田さんの下で補助者を務めていた公認会計士を中心に、1971年に監査法人和光事務所を設立することにしたのです。

関川 1974年には、さらに複数の監査法人が統合して、新和監査法人を設立されました。

山本 当時は、監査法人太田哲三事務所や監査法人中央会計事務所などの規模の大きい監査法人がいくつかできていました。我々ももう少し規模を拡大しようと模索し、協会の正規監査委員会で一緒に活動したことがある方たちを中心に合併協議を進めました。その結果、監査法人大和会計事務所や監査法人大手町事務所と統合するとともに、協会の会長を務められた井口太郎さんなどが監査法人日本橋事務所から合流し、1974年に新和監査法人を設立するに至りました。

関川 正規監査委員会の委員だった方を中心としたというのは、気心が知れた方同士ということだったのでしょうか。

山本 それもありますが、何より、単に合併して規模を大きくすることだけではなく、審査や研修をしっかりすることを念頭において志を同じくする人たちで一緒になろうと考えた結果です。当時は、自身の収入だけを重視するような公認会計士もいましたが、そういった方には法人に入っていただかなくても結構であるという考えの下、新法人の基本構想を練りました。

関川 その後、1985年に監査法人朝日会計社と合併し監査法人朝日新和会計社となり、それが現在の有限責任あずさ監査法人となっているわけですね。

山本 監査法人朝日会計社との合併に際しては、私は合併委員会の委員を務めました。この時も、単に規模の拡大を追求するのではなく、監査の質的水準の向上のため、審査体制や研修体制等の組織の内部面を充実・強化することを念頭において、交渉を実施しました。

Episode | 01

関川 監査法人朝日新和会計社の誕生は、日本の監査法人の大型合併の先駆けでしたね。大きな組織同士の合併ということで協議には苦労されたのではないでしょうか。

山本 実は、朝日会計社側の合併委員だった森田松太郎さんも私と同じ六補会のメンバーなのです。2人とも荻窪に住んでいたので、総武線の各駅停車の電車に乗って秘密の話を2人でしたこともありました。

関川 六補会のメンバーで大手監査法人の理事長になられた方というのは、森田さんのことなのですね。

山本 そうです。ただ、当時はパートナーシップの考え方が強かったこともあり、監査法人朝日新和会計社の設立当初は理事長職を置かないことにしていました。監査業務に関しては、業務を執行している代表社員が監査法人を代表しているわけです。監査法人内の役職の分担はありましたが、それは内部的な問題ですので、トップを決めて対外的に公表する必要はないと考えたのです。

◆ 協会役員への就任

林 山本さんは、協会会長に就任される前に、理事、常務理事、副会長を歴任されましたが、協会の会務に携わるきっかけはどのようなものだったのでしょうか。

山本 それまで、協会の仕事はそれほどしていませんでしたが、新和監査法人時代に、協会の役員選挙に出てみてはどうかというお誘いをいただいたことがきっかけです。2回目に理事になった時は、常務理事を拝命しました。

関川 記録によると、1979年に総務担当の常務理事に就任されています。

山本 常務理事の中で若干年輩だったこともあり、会長の中瀬宏通さんから総務を担当してほしいと要請されました。

関川 何度も年齢のことを申し上げて申し訳ありませんが、57歳の時のことですね。当時の役員担当表をみると、総務、監査、制度及び会務の3分野にしか分かれていません。総務担当役員の担当分野は相当に幅広いものだったということでしょうか。

山本 そうですね。ですから総務を担当すると、大体、協会のことは一通りわ

かるようになるわけです。広報なども、たしか総務担当の業務範囲でした。

林 私は現在、広報担当の常務理事を拝命していますが、そういう役職はなかったわけですね。

山本 そうです。当時は公認会計士がメディアの注目を集めるようなことも少なかったですから、それで十分だったわけです。多分、これはかなり後の、私が副会長のころの話になると思いますが、会計不祥事等の発生により、公認会計士についての報道がメディアで頻繁になされるようになりました。しかし、その報道内容は不正確なものが多く、危機感を覚えて、積極的に記者会見をするようにしました。

◆ 公認会計士試験の試験委員として

関川 1981年に協会の常務理事を退任された後、しばらく協会役員はされておらず、その後、1987年に協会の副会長に就任されています。

山本 少し間が空いたかもしれないですね。多分、そのころ、公認会計士試験第三次試験の試験委員を務めていたと思います。

関川 記録によると1983年から1987年にかけてのことですね。当時を振り返って印象深かった出来事を教えてください。

山本 試験委員を引き受けて最初に行ったのは、答案用紙を保管する金庫を購入したことです。採点は慎重に行わなければならないので、採点しながら気付いたことをメモしていました。採点は3回くらい見直してね。採点が終わった後の答案用紙はもちろん返却するのですが、この時のメモは捨てるに捨てられず、試験委員を退任してから30年以上経つのですが、まだ大事に持っていますよ。

関川 当時の第三次試験には口述試験もありましたね。

山本 そうでしたね。最初、試験委員を引き受ける時に、口述試験の採点はどうすればよいのか心配でしたので、自分なりに採点し、他の試験委員の方の採点と比べてみると、結構、一致していました。おそらく、試験委員は皆、受験者を公認会計士の仲間として迎え入れて大丈夫なのかを確認するといった意識を強く持っていたので、自然と目線が合ったのでしょうね。

関川 2006年から公認会計士試験制度が全面的に変わり、現在では、昔の第三

次試験に相当する実務補習の修了考査でも、口述試験は実施されていません。

山本 口述試験がなくなったのは、大変残念ですね。試験勉強で培った知識や経験だけで優れた監査人になれるかは、はなはだ疑問を感じるところです。教養を身に付け、被監査会社から尊敬をされる人間でなければならないのです。そういった、素養を有しているのかを確認する絶好の機会が口述試験であったと感じています。

◆ 東京での世界会計士会議の開催

関川 1987年に東京で世界会計士会議が開催された時は、村山德五郎会長の下で、山本さんは副会長でした。世界会計士会議開催に当たっての思い出をお聞かせください。

山本 東京で世界会計士会議が開催された際に、記念切手の発行を企画したことが思い出されます。世界会計士会議には外国の方も多くいらっしゃるので、記念切手を持ち帰ってもらえば非常に喜ばれるのではないかと考えました。

　記念切手の絵柄は、日本文化と、公認会計士の仕事を象徴するものであることが必要です。選ばれたのが、料理屋のおかみがそろばんをはじいている浮世絵です。よいものを選んでいただき、外国の方に好評を博しました。

関川 初めて日本で開催された世界会計士会議ということもあり、とても盛大に執り行われましたね。

山本 そのとおりですね。德仁親王（浩宮殿下）にご臨席賜り、中曽根康弘総理大臣からも祝辞をいただきました。また、ソニー株式会社の盛田昭夫代表取締役会長に講演していただきました。協会を挙げて盛大に執り行うことができ、大変よかったと思います。

◆ 協会会長への就任

関川 副会長を2期務められた後、1992年に山本さんは協会会長選挙に立候補されたわけですね。村山会長、山上一夫会長の下で共に副会長を務めた中地宏さんとの一騎打ちでした。

山本 それまでの理事選挙や副会長選挙とは異なり、全国区での選挙ですので、

全国各地を訪問したことを思い出します。首尾よく当選を果たしたわけですが、全国の多くの会員が私を支持してくれたことを大変うれしく思うとともに、その期待に応えるべく協会会長の職責をしっかりとまっとうしなくてはいけないと気持ちを新たにしました。

関川 協会会長に就任された時は、既に監査法人は辞められていたのですか。

山本 協会会長就任がちょうど70歳になった時でした。協会会長就任に当たり監査法人の社員を定年で辞めることになりました。

林 協会会長としてどのような施策を掲げられたのでしょうか。

山本 協会会長就任に当たって、監査の実務規範の整備、リサーチ・センターの推進、会員の行う業務に対するサービスの充実・拡大、公認会計士制度の見直し、会社法改正問題に対する適切な対応、優秀な後進の確保、協会の組織（委員会制度等）の見直し及び改善、業務の国際化に対応する諸施策の確立と国際的協調の推進の8項目を掲げました。

◆ 監査業務の充実を目指して

関川 監査の実務規範の整備は、山本さんが会長に就任される前年の1991年に監査基準、監査実施準則及び監査報告準則の大改訂が行われたことを踏まえたものですね。

山本 そのとおりです。監査実施準則が純化され、協会が自主規制機関として監査の具体的な指針を示すことが、より一層求められるようになりました。これに対応するため、監査基準委員会とその付属機関として監査問題協議会を設置しました。

関川 現在、私たちの監査実務に大きな影響を与えている監査基準委員会報告書というのは、この時、初めて作られたわけですね。

山本 そうです。この実務指針の作成には、当時、監査担当常務理事であった中嶋敬雄さんが大変熱心に対応してくれました。

関川 当時の監査基準委員会は、協会会長の山本さんが委員長で、担当常務理事の中嶋さんが副委員長ですね。

山本 そうです。実務指針の原案を会議で議論した際に、出席した委員からいろいろな意見が出され、原案の作成を担当した委員は、その日の夜に徹夜を

Episode | 01

●定期総会での一コマ

●定期総会の様子

して、提起された意見を踏まえて実務指針の原案を修正し、翌日の会議に再提案をしたこともありました。そういった、委員の皆様の一所懸命さには本当に感心しました。これだけ頑張ってくれる人がいるのだから、自分も頑張らなくてはならないと思いました。

林　リサーチ・センターの推進を掲げられていますが、この機関はどのような役割を担うものだったのでしょうか。

山本　リサーチ・センター構想そのものは、協会としての調査研究機能の向上を目的とした幅広い内容を含んだものでした。私が会長の時は、まずはデータベースの構築に力を注ぎました。

　監査業務の遂行に当たって事例を調べる必要が多々あるわけですが、そのためのデータを個人で集めることは非常に労力を要するため、協会にデータベースを構築し、会員が容易に有価証券報告書の記載内容を検索できるようにしたものです。

関川　まだEDINETどころかインターネットもほとんど使われていないころのことですから、当時としては非常に先進的な取組みですね。

◆ バブル経済崩壊に係る監査対応

林　山本さんの会長任期中は、いわゆる「バブル経済」の崩壊の過程にあり、公認会計士を取り巻く監査環境も大変厳しい時代にあったと思います。会長として会務を舵取りするに当たり、ご苦労された点や注力された点などを教えてください。

山本　バブル経済の崩壊により、株価や不動産価格の下落をもたらし、景気の低迷による企業の収益が著しく悪化しました。このような状況下においても、

企業の適切なディスクロージャーが確保されるように、監査のより一層の充実に向けて、公認会計士はその役割をしっかりと果たさなければならない状況でした。そのため、1993年2月に「監査のより一層の充実について（要望）」と題した要望書を会員宛てに発出しました。

関川 当時の粉飾決算事件に対応して会長通牒も出されました。

山本 その事例では、監査人が旧監査基準・実施準則の下で一定の監査手続を実施していたこともあり、監査人の責任は問われませんでしたが、それに安住していては監査の存在意義が問われかねないと考えました。おりしも、監査基準が全面的に改訂され、今でいうリスクアプローチの考え方が導入されたこともあり、この考え方を十分考慮して、監査手続を充実強化することを要請する「より一層深度ある監査の実施について」と題した会長通牒を1995年3月に発出しました。社会からの公認会計士に対する期待が非常に高まっておりましたので、迅速に対応するように心がけました。

◆ アジア諸国との友好関係の構築

関川 山本さんは、会長在任中、海外の会計関係者、特に中国や韓国等のアジア諸国の公認会計士協会との友好関係の構築や相互協力の拡大にご尽力されました。どのような経緯からこのような交流に取り組まれたのでしょうか。

山本 1991年7月に福岡で開催された研究大会では、韓国公認会計士協会（KICPA）の金　斗璟会長をお呼びし講演いただくなど、KICPAとは古くから交流がありました。また、1989年9月に韓国のソウルでアジア・太平洋会計士連盟（CAPA）の大会が開催された際は、日本からも多くの会員が参加しました。こういったこれまでの両協会の友好的な関係を踏まえて、私の前任の山上さんが協会会長を務めていた1991年9月に協会とKICPAの間で「相互協力に関する協約書」が取り交わされました。この協約書に基づき、両国の公認会計士協会が国際基準について様々な意見交換を実施する、「日韓定期懇談会（現：日韓定期協議）」がスタートしたのです。

関川 2018年3月に第24回の日韓定期協議が開催されていますので、本当に長く続いていますね。

山本 第1回の日韓定期協議は韓国で開催されたのですが、日本側の代表を、

Episode | 01

当時副会長だった私が務めました。私が協会会長在任時には、さらなる友好・協力関係の拡大を目指し、その内容の充実に努めました。

関川 当時の思い出は何かございますか。

山本 日韓定期協議では、通訳を通して議論していたのですが、KICPAの年配の方々は皆さん日本語ができるので、途中から日本語で議論が始まってしまってKICPAの若手の方々から英語で議論してほしいと苦情を言われたことがありましたね（笑）。

林 中国との関係についてはいかがでしょうか。

山本 当時、日本の公認会計士はあまり中国には進出していませんでしたが、日本から様々な企業が既に進出しており、活発に経済活動を行っていたわけです。

　ですので、中国の公認会計士協会とも友好関係を築いていく必要があると考え、1994年9月に中国を訪問しました。訪問時には監査法人トーマツの駐在員にお世話になったことを覚えています。

関川 当時、まだ中国の会計や監査制度は整備段階だったのでしょうか。

山本 制度はできたけれども運用はまだ十分ではないような印象を受けました。ただ、訪問した時には、中国の若い優秀な方が熱心に中国の制度について説明してくれまして、その熱意に非常に感心したことを覚えています。

関川 山本さんが会長在任中にモンゴルとの交流も始まりました。CAPAでモンゴルの会計制度の整備を支援することが決まり、協会とKICPAがその担当になったのがきっかけだったと聞いています。

山本 たしか、モンゴルの大蔵大臣が協会に来会されたことがありましたね。

関川 1994年2月のことですね。これは私も協会の研究員として同席したのでよく覚えています。これがスタートでしたね。

山本 その後、川北　博元会長が北京によく行かれるので、モンゴルへ訪問していただきました。川北さんにはその後もモンゴルとの交流に尽力していただきました。

関川 このような関係を踏まえて、1995年3月に協会がモンゴル大蔵省の局長クラスの方2名を日本に招聘して研修を行っています。

山本 日本の公認会計士制度を勉強してもらうために招聘したのですが、通訳をどうするかが問題でした。当時、在日モンゴル大使館にもモンゴル語と日

本語の通訳ができる方が1名しかいなかったのです。その方に、事前に簿記学校に通ってもらい、会計の基本的な勉強をしてもらったことを覚えています。

関川 協会のモンゴルへの支援はその後、モンゴル公認会計士協会（MonICPA）が設立された後も続いており、2017年11月にもMonICPAの方々が研修のために協会に来会されました。

● 実務補修所修了・入所式での一コマ

◆ 白鳥栄一氏の国際会計基準委員会（IASC）議長就任

関川 白鳥栄一さんが、山本会長在任中の1993年1月に日本人として初めてIASCの議長に就任されたことも、大きな出来事だったと思います。

山本 白鳥さんは、国際会計基準（IAS）の発展に本当に尽力してくれました。それが現在の国際財務報告基準（IFRS）の発展を支えています。

関川 白鳥さんは、IASCの議長として、証券監督者国際機構（IOSCO）によるIASの承認に向けて努力され、その道筋を付けられました。

山本 IAS、現在のIFRSが机上の基準から実際に使われる基準となる転換点でしたね。

関川 日本でも協会内にIAS検討会が設置され、産業界や学会の方にも参加いただいて、IASCでの議論の内容を非常に詳しく検討していました。しかし、日本国内でのIASに対する見方は厳しく、白鳥さんはとても苦労されていた記憶があります。

山本 当時は、公認会計士でもIASのことを理解している者は少なく、白鳥さんが孤軍奮闘されているような状態でした。IAS検討会など、協会としても全力で白鳥さんをサポートしましたが、国際基準の必要性がまだ十分、経済界や規制当局に理解されていないこともあって、白鳥さんには苦労をかけてしまいました。

関川 ただ、このころからIASの存在が日本でも広く認知されるようになったことは確かだと思います。

山本 最近、IFRSを導入した企業及び導入を予定している企業が合わせて200社を超えたという報道を見ました。白鳥さんがIASCの議長を務められていた時と比べて、環境が大きく変化したことに驚きを感じています。この時の白鳥さんの努力が結実したものだと思います。

林 白鳥さんは、1998年にお亡くなりになられましたが、IASの発展に対する功績によって、2009年の公認会計士の日大賞を受賞されていますね。

◆ 阪神・淡路大震災への対応

林 山本さんの会長任期中の1995年1月17日に、阪神・淡路大震災という未曾有の災害が発生しました。様々な対応をされたかと思いますが、その中でご苦労されたことなどをお聞かせいただけますでしょうか。

山本 実は、阪神・淡路大震災が発生した日は、赤坂で協会の役員会が開催されていました。

関川 当時、本郷にあった協会ではなく赤坂で役員会を開催していたのですか。

山本 役員会の後に賀詞交歓パーティーを開催するので、パーティー会場のホテルの近くで役員会を開催していたのでしょうね。

林 たしか、地震の発生は早朝でした。

山本 でも、兵庫会や近畿会の役員の方は、前日に東京に移動していたので、この日の役員会には出席されているのです。

林 その役員の方々の自宅や事務所は被災されているわけですね。

山本 そうです。多くの会員の方の自宅や事務所が被災していることが容易に想像できました。まずは、私は、出席していた役員の方から支援金を募りました。また、協会全体としても募金活動を行うことをその場で提案しました。一刻を争う事態であるという認識を持ち、震災対策本部を設置し対応を開始しました。

関川 会計・監査上の問題にも対応されましたね。

山本 関西地区の多くの企業が被災をしたことから、会計・監査上の問題にも迅速に対応する必要がありました。そのために、震災対策本部に審理懇談会（震災対策特別部会）を設置し、震災に伴う会計処理の考え方を整理し、まとめた「阪神・淡路大震災に伴う企業及び学校法人の会計処理等について」

を1995年3月に公表しました。年度末までの、時間が限られた中での対応でしたが、関係各位の努力もあり、なんとか対応することができました。

関川　この時の対応は、2011年に東日本大震災が発生した時にも参考にしたと聞いています。

◆ 皇太子徳仁親王の宮中饗宴の儀

林　一方、山本さんが会長在任中のおめでたい話題といえば、1993年6月の皇太子徳仁親王のご成婚がありますね。

山本　実は、皇太子徳仁親王（現天皇）のご結婚に係る宮中饗宴の儀にご招待いただいているのです。

林　それはすばらしいことですね。宮中饗宴の儀というのは、一般の方の結婚での披露宴に相当するものなのでしょうか。

山本　そのような位置付けになろうかと思います。出席に当たっては、自家用車ではなくハイヤーで皇居に来てほしいとの要請があり、ハイヤーで皇居に向かったことを覚えています。引き出物として、金平糖の入っている皇室の紋章の入ったボンボニエールをいただきました。余談ですが、私が乗ってきたハイヤーの運転手にも弁当が出たのですが、「会社から選ばれて皇居へ来ることになったので、弁当を持ち帰ってみんなで分けて食べます」と言って食べずに持って帰っていましたね。これもよい思い出です。また、赤坂離宮での園遊会に招かれた際、皇后陛下（現上皇后）から直接お言葉をいただきました。

　いずれも、幸運に恵まれ、感謝のほかはありません。

◆ 公認会計士業界を振り返って

林　山本さんが会長を務められてから約四半世紀が過ぎましたが、この間を振り返って、公認会計士を取り巻く環境の変化についてどのような感想をお持ちでしょうか。

山本　昨今、公認会計士試験受験者数が低迷していて、公認会計士業界の人手が足りないといった報道が多く聞かれます。これは、公認会計士そのものの

魅力が低下していることに起因しているわけですが、その要因として、監査報酬の低さが挙げられると思います。監査報酬を増やして公認会計士の収入を増やし、公認会計士の魅力を向上させることで志望者が増加するのではないでしょうか。

関川　山本さんが会長の時代には、現在は廃止された標準監査報酬規定がありましたね。

山本　そうです。この標準監査報酬規定の改訂に当たって、経済団体連合会の方々と議論した際も、監査にどれだけの労力を費やしているかをしっかりと説明するようにしていました。監査手続を充実し、監査日数が増えれば、その分、監査報酬も上がるのは自然な流れです。競争原理も理解はできますが、業界全体として監査報酬を上げていく努力をもっとすべきだと考えています。

◆ 公認会計士業界へのエール

林　今後、公認会計士制度が80年、90年と歩みを進めていくに当たって、公認会計士業界に向けてアドバイスやエールをいただけますでしょうか。

山本　監査業務の合理化・効率化に当たってAIを導入するといった話があります。AIを業務に取り入れていくことはよいことだと思いますが、最終的には、経験を積んだ人間の判断が必要となってきます。公認会計士は、判断力を磨くとともに、経験から生ずる「何かおかしい」という感覚を大切にしていってほしいですね。

林　こうような感覚を磨くためにはどのようなことが大切なのでしょうか。

山本　よくいわれることですが、職業的懐疑心を持って業務に当たることでしょう。例えば、売掛金の残高確認などで、合うはずのない数字が合っているようなことがあります。出荷基準で売上を計上し、先方が検収基準で仕入計上をしていれば、本来、金額が合わないことが通常です。私が監査をしていた時も、一致していることが多いことに違和感を覚え、調査を行った結果、不正が発覚したこともありました。現代の公認会計士の皆さんには、職業的懐疑心をしっかりと発揮することを心がけてほしいと思います。

林　本日は、貴重なお話を多くお聞かせいただきました。今後も、公認会計士業界へ様々なアドバイスをいただければと思います。本日はありがとうござ

いました。

山本　こちらこそありがとうございました。

....

このインタビューは、2018年 7 月17日に実施し、本会機関誌「会計・監査ジャーナル」2018年12月号に掲載されたものです。

なお、山本秀夫氏は、2019年 4 月 9 日にご逝去されました。

監査法人制度の確立と発展

　監査法人は、1966年の公認会計士法改正により設立が認められることになったものであり、それまでは、監査主体になれるのは、公認会計士個人だけであった。監査法人制度創設の背景には、山陽特殊製鋼事件をはじめとする数多くの粉飾事件と虚偽の監査証明の問題があり、監査制度の強化、特に組織的監査が強く求められたことがある。監査組織の大規模化に関する模索はそれ以前から業界内で行われており[1]、当初は、英米などで見られるパートナーシップ組織による監査の実施が模索されたが、パートナーシップ制度が日本の法体系に合わないとの理由で、合名会社法理を準用した監査法人制度の創設に至った。

　監査法人設立第1号は、1967年1月に太田哲三公認会計士の事務所を母体として設立された[2]監査法人太田哲三事務所（現、EY新日本有限責任監査法人）である。その後、監査法人の設立が相次ぎ、1970年3月末現在では、24の監査法人が存在するに至った。そのうち、主たる監査法人の状況をまとめると表1のとおりである。

　その後、監査法人の合併による大型化が始まるが、その嚆矢となったのが、山本元会長のインタビューにも出てくる1985年の監査法人朝日会計社と新和監査法人の合併による監査法人朝日新和会計社の誕生である。その後、1980年代後半に、表2に示すような大手監査法人の合併が相次ぎ、それにより、中央新光監査法人、監査法人朝日新和会計社、サンワ・等松青木監査法人、太田昭和監査法人、センチュリー監査法人の5大監査法人が誕生するに至った[3]。その後、2000年4月の太田昭和監査法人とセンチュリー監査法人の合併による太田昭和センチュリー監査法人の成立などを経て、現在の4大監査法人となっている。

表1：監査法人の概況（1970年3月末現在）

名称	社員数	公認会計士	会計士補	その他	総人員	被監査会社数（うち、証券取引法監査）
監査法人朝日会計社	29	55	52	32	168	156（136）
等松・青木監査法人	34	34	36	35	139	120（ 65）
監査法人中央会計事務所	30	33	33	33	129	171（125）
監査法人太田哲三事務所	36	40	28	20	124	106（ 88）
昭和監査法人	24	23	16	20	83	112（ 82）
監査法人千代田事務所	11	18	11	17	57	48（ 42）

出所：「わが国監査法人の展開－監査業界の国際的変遷のなかで－」（原　征士）を元に作成

表2：1980年代における主な監査法人の合併

合併年月	合併監査法人名	新監査法人名	2019年現在
1985年7月	監査法人朝日会計社 新和監査法人	監査法人朝日新和会計社	有限責任あずさ監査法人
1985年10月	監査法人太田哲三事務所 昭和監査法人	太田昭和監査法人	EY新日本有限責任監査法人
1986年1月	監査法人第一監査事務所 日新監査法人 武蔵監査法人	センチュリー監査法人	EY新日本有限責任監査法人[4]
1986年10月	等松・青木監査法人 監査法人サンワ事務所	サンワ・等松青木監査法人	有限責任監査法人トーマツ
1988年7月	監査法人中央会計事務所 新光監査法人	中央新光監査法人	みすず監査法人（2007年解散）

　なお、2003年の公認会計士法改正により、それまで「認可制」とされていた監査法人の設立は、「届出制」とされ、現在に至っている。また、2009年の公認会計士法改正により、有限責任監査法人制度が導入され、2019年10月末現在、全監査法人241法人中、28法人が有限責任監査法人となっている。

公認会計士の多様化

　公認会計士が実施する業務は、大別して監査、税務、マネジメント・アドバイザリー・サービスの3種に分けて説明されることが多かった。近年は、これらの業務に加えて、企業や公的機関の組織内でその専門知識や経験を生かして活躍する公認会計士（組織内会計士）や企業などの社外取締役や社外監査役として活躍する公認会計士が増えてきている。また、起業する公認会計士や海外で会計サービスなどを提供する公認会計士も増えてきている。

【公認会計士業務の変化】

　昔の公認会計士業務の実態はどのようなものであったであろうか。その手掛かりとなるものとして、1967年にJICPAが行ったアンケート調査がある[5]。このアンケート調査は、当時の公認会計士全員（3,678名）を対象とし、回答数3,209（回答率87.2％）と極めて高い回答率のアンケート調査であった。そこで、全収入に対する各業務の割合を「監査」、「会計・税務」、「経営指導」、「給与」、「その他」に区分して質問している。それぞれの業務の収入が全収入に占める割合が80％以上の回答者

*C*olumn

の比率は、それぞれ、3％、43％、0％、8％、0％となっている。公認会計士の独占業務である監査業務をほぼ専業とする公認会計士は非常に少なく、会計・税務業務をほぼ専業とする公認会計士が多かったことがわかる。また、税理士登録者は2,740人と回答者全体の85％と極めて高い比率を示すことから、この当時の公認会計士は、税務業務中心の人が多かったと考えられる。

それに対して、JICPAが2013年に実施した同様の実態調査[6]では、全所得に対する各業務内容の割合を「監査」、「税務」、「コンサルティング」、「その他」に区分して質問しているが、それぞれの業務の所得が全所得に占める割合が75％以上の回答者の比率は、それぞれ、41％、12％、8％、12％となっている。回答の選択肢が1967年の調査と多少異なるものの、監査をほぼ専業とする割合が大きく上昇し、税務をほぼ専業とする割合が低下したことがみられる他、「コンサルティング」と「その他」が所得の太宗を占める公認会計士が一定数いることがわかる。

【監査法人に所属する公認会計士の割合】

1966年公認会計士法改正によって、設立が可能となった監査法人は、合併等により大規模化し、上場企業などの大企業の監査は、大部分が監査法人により行われるようになってきている。公認会計士の多くも監査法人に所属するようになり、監査法人に所属する公認会計士の割合は一貫して上昇した。1974年12月末には、監査法人所属の公認会計士数（社員及び職員の合計）は、1,189人と公認会計士数全体の25.3％を占めていたのに対して、1983年12月末には、それぞれ、2,897人、40.6％に上昇した。1990年代以降は、監査法人所属の公認会計士は全体のほぼ半数を占めていたが、近年、監査法人に所属する公認会計士の割合は継続的に下落している。直近のピークである2013年3月末現在の51.3％に対して、2019年3月末現在では、44.8％となっている。この間、監査法人所属の公認会計士の増加は9.1％に過ぎないのに対して、監査法人に所属していない公認会計士の増加は、27.9％に及んでいる。

公認会計士試験合格者の大部分は、大手を中心とした監査法人に就職しているが、それにほぼ見合うだけの退職者がいることが窺える。

JICPAが2015年に行った、大手監査法人を退職した者に対する進路調査[7]によると、回答者の36.6％が、退職後の業務について、「ほぼフルタイムで企業・団体・政府機関等に勤務し、公認会計士法の第2条1項及び2項に定める業務や税理士業務はほとんど行っていない。」と回答しており、「独立開業し、公認会計士法第2条1項及び2項に定める業務や税理士業務等に従事した。」との回答（26.2％）を大きく上回っていた。監査法人退職後の進路として、「独立開業」ではなく、「転職」

が主流になってきているといえよう。

【多様な公認会計士のネットワーク化】

　JICPAでは、このような多様な業務、多様な形態で働く公認会計士を支援するため、税務業務協議会、組織内会計士協議会、社外役員会計士協議会、公会計協議会などを設置している。各協議会に所属する会員数を示すと以下のとおりである。

（2019年3月末現在）

協議会名	部会 （ネットワーク）名	部会員 （正会員）数	部会員（正会員）の資格
税務業務協議会	税務業務部会	9,041人	税理士登録をしている会員等
組織内会計士協議会	組織内会計士 ネットワーク	1,813人	組織内会計士として勤務する会員等
社外役員会計士協議会	公認会計士社外役員 ネットワーク	771人	社外役員として就任している会員等
公会計協議会	地方公共団体会計・ 監査専門部会	2,532人	希望制、但し、初期研修を受講し、その後も継続研修を受ける必要がある。
	社会保障部会	1,039人	希望制

（参考：2019年3月末の公認会計士数：31,189人）

脚注

1）例えば、1957年5月にJICPA法規調査委員会は、「公認会計士法にパートナーシップの制度を取り入れることの可否」との諮問事項に対する答申を行っている。（『公認会計士制度25年史』、JICPA、255ページ）

2）太田哲三公認会計士は、1966年当時、上場企業44社の監査を実施していたが、多くの契約（42社）を他の公認会計士との共同監査としていた。（『有価証券報告書提出会社名簿　昭和41年版』大蔵省証券局企業財務課）当時の状況を太田氏は、日本経済新聞社『私の履歴書』に「私の監査会社は次第に増加したので、業界を独占すると非難された。私はむしろ多数の会計士に職を分かつために引き受けたのであったが、その真意は理解されない。そこで各協力者と共同契約をして監査した。ところが昭和40年監査法人制度ができたので、会計監査の大規模制を主張していた私は直ちに法人組織の改組を企て、40年の暮れに法人となった。しかし利害の調整は困難で有力な協力者を失ったのは遺憾である。」と記している。（注：監査法人太田哲三事務所の設立は、1967年1月なので、「昭和40年（1965年）暮れに法人となった」との記述は、太田氏の記憶違いではないかと思われる。）

3）この当時、国鉄、電電公社、専売公社の民営化（株式会社化）に伴う、監査契約獲得競争があり、それが大型合併を行う動機の一つとなった。

4）2003年2月に（旧）あずさ監査法人（2004年1月に朝日監査法人と合併し、現在、有限責任あずさ監査法人）が設立される際に、新日本監査法人（2001年7月に太田昭和センチュリー監査法人から名称変更）の旧センチュリー監査法人関係者の多くが参画したといわれている。

5）『公認会計士制度25年史資料編』、JICPA、938－951ページ。

Column

6）有効回答数1,954（回答率7.7％）と回答率が低いことに留意。

7）「監査法人退職後の進路に関する実態調査報告書」（2016年7月）28ページ。同報告書は、JICPA
　　ウェブサイト（会員向けページ）で公表されている。2009年から2014年に登録先を大手監査法人
　　から個人に変更した会員・準会員が調査対象者である。

Episode 02

日本公認会計士協会 相談役
奥山章雄 氏

■ インタビュアー

機関誌編集委員会 副委員長
井澤依子 氏

日本公認会計士協会 主任研究員
関川　正 氏

Episode 02

「公認会計士の独立性」をもっとアピールして、活躍の場を広げていってほしいですね。

在任中の出来事

	会計・監査に関連する事象	世 相
2001年	7月 ・「企業会計基準委員会」発足 10月 ・米国 ウォールストリート・ジャーナル誌「エンロンの不正会計疑惑」を報道、SECの調査開始 12月 ・米国エンロンが破産法申請、負債総額160億ドル（約2兆円）で米国史上最大級の破綻	9月 ・米国で「同時多発テロ事件」発生 10月 ・米国で「炭疽菌事件」発生 11月 ・特殊法人の改革決着、道路公団は民営化、住宅金融公庫は5年以内に廃止 ■今年の漢字第1位「戦」：米国同時多発テロ事件や炭疽菌事件、世界的不況との戦いの年
2002年	1月 ・「監査基準」大改訂 3月 ・EU、2005年からのIFRS適用を決定 6月 ・米国通信大手のワールドコムの不正経理が発覚、38億ドル（4,700億円） 7月 ・米国「企業改革法（サーベンス・オクスリー法：SOX法）」成立 8月 ・米国会計事務所アーサー・アンダーセン、89年の歴史に幕 10月 ・金融庁「金融再生プログラム」を公表 　 ・FASB、IASB「ノーウォーク合意」 11月 ・第16回世界会計士会議（香港）開催	8月 ・住民基本台帳ネットワーク（住基ネット）施行 9月 ・初の日朝首脳会談（小泉首相） 10月 ・政府「総合デフレ対策」決定 ■今年の漢字第1位「帰」：北朝鮮に拉致された方の帰国、昔の歌や童謡がヒットするなど「原点回帰」の年
2003年	4月 ・「産業再生機構」設立 5月 ・「公認会計士法」改正（昭和41年改正以来となる37年振りの大改正） 　 ・りそな銀行国有化 10月 ・足利銀行国有化	3月 ・イラク戦争開始 4月 ・日本郵政公社が発足 5月 ・米国ブッシュ大統領がイラク戦争の終戦を宣言 　 ・宮城県沖地震、M7.1発生 ■今年の漢字第1位「虎」：阪神タイガース18年振りのリーグ優勝や「虎の尾をふむ」ようなイラク派遣問題などがあった年
2004年	4月 ・「公認会計士・監査審査会」発足 6月 ・会社法制定（商法大改正）	3月 ・NASAが「火星に海」を確認

●年表内の「今年の漢字Ⓡ」は（公財）日本漢字能力検定協会の登録商標です。

◆ 公認会計士を目指したきっかけ

井澤 本日は、奥山さんの協会会長時代のお話を中心に、様々なことをお聞きしたいと思います。まずは、奥山さんが公認会計士を目指したきっかけについて教えていただけますでしょうか。

奥山 早稲田大学に入学した際は、公認会計士という職業を目指すことは考えていませんでした。ただ、商学部に入学したので、会計関係の専門教育を受けたいと考え、管理会計の分野で著名であった青木茂男先生のゼミに入りました。青木先生には、学問の面はもちろんのこと、人間的な面でも多くのご指導をいただきました。

井澤 奥山さんはどのような学生生活を送られたのでしょうか。

奥山 当時は学生運動が非常に盛んで、私が3年生の時には、学費値上げ問題などから早稲田大学全体でストライキが広がり、大学が閉鎖される事態となっていました。

関川 早大闘争と呼ばれている事件ですね。

奥山 そうです。そのうち、一部の過激なグループが、商学部の学生運動を支配するようになり、私などの一般の学生はついていけなくなりました。こういった状況をなんとか打開したいと、青木先生、染谷恭次郎先生など商学部の著名な先生方の呼びかけもあり、ゼミナール有志連合会を結成し（その後、商学部学生有志連合会に発展）、私もこの一員として学内の平常化に向けた活動を行っていました。

井澤 勉強どころではないですね。

奥山 そのとおりです。勉強や就職活動を満足に行える状況ではありませんでした。そこで、父が税理士であったことや、青木先生から公認会計士を勧めていただいたことから、公認会計士試験の受験を目指すこととしました。ゼミナール有志連合会の活動が一段落した大学4年生の6月から勉強を開始して、その年の7月に公認会計士試験を受験しました。

井澤 たった、1か月の準備期間で受験されたのですか。結果はいかがだったのでしょうか。

奥山 もちろん、受かるわけないですよ（笑）。その後、翌年の公認会計士試験を目指して、懸命に勉強に励みました。当時は、年間3,000時間の勉強が

公認会計士試験合格に必要だといわれていたので、1日10時間猛勉強し、翌年の公認会計士試験に合格することができました。

◆ 監査法人中央会計事務所への入所

関川 奥山さんが公認会計士試験に合格された1967年は、最初の監査法人が誕生した年でもありますね。

奥山 そうです。当時は監査法人制度ができたばかりで、公認会計士試験合格者は、個人の会計事務所か外資系の事務所のいずれかに入所するのが一般的でした。早稲田大学の合格祝賀会で、私よりも先に公認会計士試験に合格したゼミの先輩の上野紘志さんから、「1回、うちの事務所を見にこないか」というお誘いがあったのです。そこが村山徳五郎先生の個人事務所でした。

井澤 その後、協会の会長や中央監査法人の理事長になられる方ですね。

奥山 私は事務所を見学させてもらうようなつもりでうかがったのですが、村山先生は採用面接するつもりだったらしく、「履歴書持ってきたか」と聞かれましてね。結局そのまま入所が決まりました。

　村山先生はまだ35歳ぐらいで、事務所全体も若い人が多くて活気がありました。

関川 村山事務所を含めた複数の会計事務所が母体となって1968年に監査法人中央会計事務所が誕生することになるのですね。

◆ 若手時代の思い出

奥山 実は、若手のころに、仲間と一緒に監査法人中央会計事務所の労働組合を作ったのですよ。仕事のやり方や労働条件の実態が旧事務所の方法を引きずって、部門によってバラバラになっていたのです。こういった状況の改善に声を上げようと考えていました。

井澤 事務所の改革にも若いころから取り組まれていたのですね。

奥山 おとなしく仕事だけしていたわけではなかったですね。会計士補時代に協会が発行している論文集に応募して掲載されたこともありました。

関川 どのような内容だったのでしょうか。

奥山　会計士補の制度上の問題点というか、会計士補は労働者なのか、教育を受ける立場なのか、そんな内容でした。

関川　若手のころに携わった業務で、印象深かった出来事はありますか。

奥山　会計士補時代に、ある名門メーカーの工場往査に出向いた時のことが思い出されます。その工場の管理部の方に、その会社の監査とは直接関係のない原価管理に関する質問をいきなり投げかけられました。若い会計士補を試してみたのでしょうね。私は、大学時代に青木先生のゼミで管理会計を学んでいて、自信を持って私自身の考えを述べましたので、少しは認めてもらえたと思います。

井澤　監査現場ではどのようなことを心がけていたのでしょうか。

奥山　1回聞いたことを再度聞くと、「前に答えたじゃないか」と言われてしまうので、一所懸命、ノートを取り、帰ってからノートを基に聞いた話をまとめて、絶対に同じ話を2回聞かないように心がけていました。

◆ 協会役員への就任

井澤　協会活動にも若いころからかかわっていらしたと思いますが、どのようなきっかけで会務に携わるようになったのでしょうか。

奥山　その当時、協会では若い人材が求められていて、若手の活躍を後押しするような雰囲気がありました。その代表格が村山先生で、若くして協会役員として活躍されていました。村山先生は、自分の部下にも協会活動を積極的に勧めていて、私も公認会計士登録した直後から協会の会報委員会や研修・出版委員会の委員をしていました。

関川　奥山さんが最初に協会役員になられたのは、1979年ですので、34歳の時なのですね。

奥山　理事選挙への立候補は、直接的には村山先生から打診されたのですが、当時の監査法人中央会計事務所の中で、若手が協会役員として活躍することをバックアップする雰囲気があったことにも背中を押されました。

関川　監査法人でも若手の社員でいらしたので、監査法人の業務との両立は大変だったのではないでしょうか。

奥山　最初の2期4年は、担当分野の責任者である常務理事ではなく、理事の

立場で様々な委員会に関与していました。ですので、このころは、監査法人の仕事にも多くの精力を割いていました。当時は株式公開業務に力を入れていて、10社程度の株式公開を成功させるなど、監査法人での仕事にも面白さを感じていました。

井澤 会長を退任される2004年までに25年間も継続して協会役員をされたことになりますね。

奥山 途中で協会役員を辞めて、監査法人の業務に専念する道もあったと思います。しかし、当時は公認会計士に対する社会からの期待が高まり、その期待に呼応するように次々と新しい事柄が発生し、新しい制度が制定されていった時でもありました。新しい事柄への対応や制度の制定に、協会において私が中心的な役割を担うことも多くあり、結局、ずっと協会役員を続けることになりました。

井澤 将来は会長になられることも意識されていたのでしょうか。

奥山 そうですね。協会役員としての長年の活動を通じて、会長への就任を自然と意識するようになりましたね。

◆ あなたは公認会計士を信じますか？

関川 会長に就任前の協会役員の時代で印象に残ったことを教えていただけますでしょうか。

奥山 高橋善一郎会長の下で副会長を務めていた時に、公認会計士制度50周年事業組織委員会の委員長を拝命しました。この時に、公認会計士は頼りになる専門家であり、経済社会の土台を築く重要な存在であることを社会に認識させるべく、「あなたは、公認会計士を信じますか？」というキャッチコピーを作りました。

関川 かなり刺激的なキャッチコピーでしたね。私も当時、衝撃を受けたことを覚えています。

奥山 このキャッチコピーに対して、一部の会員の方々から強い批判も受けましたが、社会は公認会計士が行っている仕事を十分に理解していないと考え、逆説的に、「あなたは、公認会計士を信じますか？」と問うたことが社会には受けたようです。日本経済新聞社が、このキャッチコピーをそのまま標題

とした社説を掲げるなど、大きな注目を集めました。

　もう一つ印象に残った事で申し上げたいのは、中地会長、高橋前会長、私の３人で天皇陛下（現上皇）、皇后陛下（現上皇后）に公認会計士制度の御説明のため御所にうかがった事です。両陛下と私共３人だけで１時間御説明と御質問に過ごしましたのは、今となっては本当に貴重な思い出です。

◆ 企業会計基準委員会（ASBJ）の設立

関川　奥山さんは、中地　宏会長の下で、協会副会長をされていた際にASBJの設立に中心的にかかわっておられました。当時を振り返っての思い出などをお聞かせください。

奥山　当時は、会計基準の設定を、旧大蔵省の企業会計審議会が担っており、会計基準を設定するという大きな権限を民間に委譲することに反対意見が多くありました。しかし、自由民主党の議員の方々からは「国際的な状況を考慮すると会計基準の設定を民間に委ねるという流れを推し進めるべきではないか」といった意見があり、理解のある議員の方々と議論を重ねました。また、国際会計基準審議会（IASB）理事に日本人が選出されないのではないかという懸念から、経済界にも危機感が芽生えていました。そして、経済団体連合会（経団連）や自由民主党の議員などと協力して、会計基準設定の権限を民間へ委譲するように旧大蔵省へ働きかけを行っていったのです。中地会長と私の二人で当時の宮澤喜一大蔵大臣を訪問し、会計基準設定権限の民間への委譲をお願いした際に、「それはもっともだから進めていきましょう」と、旧大蔵省の事務方に検討を促していただいたことが強く印象に残っています。その後、旧大蔵省内に「会計基準設定主体のあり方に関する懇談会」が設置され、民間の会計基準設定主体の設立の方向が固まりました。

関川　ASBJやその母体となる財務会計基準機構（FASF）の設立に当たって、どのような点が課題だったのでしょうか。

奥山　私は関係団体で設置されたFASFの設立準備委員会に協会を代表して参加していました。多くの課題がありましたが、一番の課題は、運営資金をいかに確保するかということでした。関係各所との調整に苦労をしましたが、経団連のほか東京証券取引所の協力も得て、上場企業から資金を調達する仕

組みを構築することができました。また、各大手監査法人からも、資金面で絶大なる支援をいただきました。

関川 ASBJの委員の人選も大きな課題だったのではないでしょうか。

奥山 そうです。特に委員長の人選ですね。私は最初からASBJの初代委員長には斎藤静樹教授以上に相応しい方はいないと考えていました。実は、過去に、辻山栄子教授を介在して斎藤教授からお声がけいただいて、公認会計士と学者の若手の方々の研究会を設置していました。

　この研究会には斎藤教授のほか、錚々たる若手の研究者の方々が名を連ねていました。この研究会をきっかけとして斎藤教授と知り合い、斎藤教授の理論や言動に感銘を受けていましたので、ASBJの委員長に最適任であると考えたのです。

関川 斎藤教授を口説き落とす役はどなたが担ったのでしょうか。

奥山 斎藤先生に初代委員長をお願いしたいというのは、設立準備委員会の一致した意見でしたが、斎藤先生に知己のある私が、直接、お願いにうかがいました。斎藤先生が「これで私の学者生命は終わりですね」とおっしゃられたことを印象深く覚えています。学者の方を研究ができない状況に追い込んでしまうことについて、大変申し訳なく思いましたが、斎藤先生がASBJの委員長だったからこそ、設立初期の様々な課題を乗り越え、ASBJがその地位を確立したのだと思います。

◆ 選挙で選ばれた最後の会長

関川 奥山さんの次の会長の藤沼亜起さんは無投票で選出、次の増田宏一さんからは推薦委員会方式で選出されていますので、奥山さんは選挙で選ばれた最後の協会会長なのですね。

奥山 私は、協会の副会長時代の活動を通じて、会長としてまずは公認会計士制度の「社会からの認識の向上」を行わなければならない、それがなければ「信頼の向上」もないと考えていました。こういった思いから、「強い公認会計士」というキャッチコピーを掲げて、協会の会長選挙に立候補し、当選を果たしました。実は、対立候補の方は、「君が会長でいいのだけど、君が会員からの信任を受ける機会を作るために立候補する」と言われて、積極的に

は選挙運動をされませんでした。会員からの信任を確かめる機会となりましたので、選挙になったことはよかったと思っています。

◆ 会長としての怒涛の３年間の始まり

井澤　会長として会務に取り組むに当たり、特に留意したのはどのようなことだったのでしょうか。

奥山　協会が様々な局面に対応していくためには、協会の役員と職員が協会の方針を全面的に理解し、同じ方向に向いて動く必要があります。そのために、例えば、協会職員を対象とした全体集会を定期的に開催し、公認会計士業界のおかれている現状や協会のスタンスを伝えるようにしました。また、新たに就職した職員との昼食会を開催し、直接、私の思いを伝えるようにしていました。会員向けには、会長が実施した事項を週単位で公表することにしました。こういった取組みにより、協会が一体となって会務の運営に取り組むことができ、なんとか怒涛の３年間を乗り切ることができたと思います。

関川　「怒涛の３年間」ですか。確かに、奥山さんが会長だった３年間は本当にいろいろなことがありましたね。

奥山　会長に就任して間もない2001年９月11日に、米国で、ニューヨークのワールドトレードセンターテロが発生しました。そして、その後、アーサー・アンダーセンの問題が表面化しました。

関川　エンロン事件ですね。

奥山　そうです。エンロン社の不正会計疑惑が報じられ、エンロン社の会計監査を担当していたアーサー・アンダーセンが粉飾に加担していたとされ、その信用が失墜することとなります。そして、翌年のワールドコム社の粉飾発覚もあり、アーサー・アンダーセンは解散に追い込まれることとなります。その渦中の2001年11月に米国のマイアミで国際会計士連盟（IFAC）の総会が開催されました。総会に出席するため、IFAC会長の藤沼亜起さん、山崎彰三さんなどとマイアミに向かいましたが、テロ、特に炭疽菌の危険が騒がれていた時期だったので、米国への出張を皆さんに心配されたことが思い出されます。

井澤　2001年11月といえば、協会の新会館が竣工しましたね。

奥山 この新会館に最初の会長として入ることができたのは巡り合わせとしかいいようがありません。実は、新しい公認会計士会館の会長室の椅子と会長応接室の椅子は私が自分の目で見て選んだのです。

◆ サーベンス・オクスリー法（SOX法）とその公認会計士法改正への影響

関川 先ほどお話のあったエンロン事件やワールドコム事件の後、米国では2002年7月にSOX法が制定されました。また、日本では2003年5月に公認会計士法の大改正が行われました。米国のSOX法は公認会計士法の改正にも大きな影響を与えたのでしょうか。

奥山 米国でのSOX法の制定は2002年の春ごろには既に予期されていました。そのため、日本の公認会計士法の改正に当たっても、SOX法の内容を織り込もうという動きが出てきていました。そのころから協会と金融庁で水面下での協議が始まり、2003年3月に改正法案が固まるまでの間、規制当局や国会議員と非常に激しい攻防を繰り広げました。

関川 どのような点が特に議論の対象だったのでしょうか。

奥山 SOX法の制定により、米国では公開会社の監査に関して、監査事務所の検査や監査基準の策定を公開会社会計監視委員会（PCAOB）が実施することとなりました。仮に日本に同様の制度が導入された場合、日本の公認会計士業界は自主規制機能を失ってしまいます。「強い公認会計士」を目指すためには、公認会計士自身が自らの手で紀律を維持する自主規制が不可欠です。協会の自主規制を維持するために、積極的に様々な要望をし、そういった動きを懸命に押し戻しました。その結果、公認会計士法の改正で公認会計士・監査審査会が設置されましたが、米国とは異なり、協会の品質管理レビューを前提とする制度となり、協会の自主規制を維持することができました。

関川 公認会計士法の改正では、非監査証明業務の同時提供の禁止やパートナー・ローテーション制度も盛り込まれました。

奥山 SOX法の関係から考えると、非監査証明業務の同時提供の禁止は受け入れざるを得ないと感じていました。また、パートナー・ローテーションは、既に協会の自主規制で実施していたことでもあったので、この2点に関して

は、協会として反対するといった対応はとっていませんでした。ただ、協会役員にはこれとは異なる意見を持つ方も多くいらっしゃいましたので、地域会の会長や役員の方々への説明を丁寧に行うようにしました。公認会計士法改正への対応に関しては、当時、担当副会長であった澤田眞史さんや日本公認会計士政治連盟の幹事長であった増田宏一さんに奮闘していただきました。

◆ 公認会計士法の使命条項の新設に当たって

関川　2003年の公認会計士法の改正は多岐にわたっているのですが、その中で奥山さんが、特に思い入れのあることは何でしょうか。

奥山　公認会計士の使命が第1条で定められたことですね。これは非常に意義深いことだったと思います。他の士業では法律で明記されている使命が、改正前の公認会計士法には記載されておらず、公認会計士のあり方や業務を考える場合、何をベースとすべきなのかが明確ではない状態でした。

井澤　改正法第1条は、「公認会計士は、監査及び会計の専門家として、独立した立場において、財務書類その他の財務に関する情報の信頼性を確保することにより、会社等の公正な事業活動、投資者及び債権者の保護等を図り、もつて国民経済の健全な発展に寄与することを使命とする。」となっていますね。

奥山　まず、「監査及び会計の専門家として」となっています。ちょっと聞き流してしまいそうなところですが、実は、これだけでも大変な議論がありました。協会は、公認会計士はまずは会計がベースとなる専門家であることから、「会計及監査」と、会計を先にするように主張しました。他の職

●日本取締役協会での討論会

●定期総会での一コマ

35

業団体も意識して、公認会計士はまずは会計の専門家であるということを強く打ち出したかったのです。他方で、監査は公認会計士のみに認められた独占業務であることから、監査を先に記載すべきだといった強い意見もあり、最終的にはこの点は妥協せざるを得ませんでした。

井澤　そのほか、協会が主張していた点はどのようなことがあるのでしょうか。

奥山　「財務書類その他の財務に関する情報」という表現は協会の要望が実現したものです。財務書類に加えて、「その他の財務に関する情報」と記載することで、会社の決算書のみではなく、財務情報全般に公認会計士が幅広く関与する道を示すことができました。「信頼性を確保する」という文言も同様で、監査のみではなく、他の保証業務など、信頼性を確保する幅広い業務が公認会計士の業務であることを表現しています。あと、「会社等」や「債権者の保護等」のように、「等」を入れることにより、対象を限定しすぎないように工夫を凝らしたわけです。

井澤　非常に細部にわたるまでこだわって文案が練られているのですね。

関川　金融庁の原案になかった「会社等の公正な事業活動」が自由民主党内の議論で加えられたという話も聞いたことがあります。

奥山　そういうこともありました。こういった話は夜中に連絡が来るのですよ。最後は協会会長として政治家の方々と直談判ですね。

◆ 金融分野緊急対応戦略プロジェクトチームのメンバーとして

関川　奥山さんは、竹中金融担当大臣が2002年10月に設置した金融分野緊急対応戦略プロジェクトチームの民間メンバーに就任されました。このプロジェクトチームでの議論が、「金融再生プログラム」の決定に結び付いたわけですが、この過程では様々なご苦労があったかと思います。当時を振り返っての感想等をお聞かせください。

奥山　このプロジェクトチームで検討した問題や課題を通じて、金融問題というものは資本主義社会の土台に大きな影響を及ぼすものであることを強く認識しました。銀行の経営が傾くと、銀行から融資を受けている多くの企業の経営にも悪影響が及びますので、事業会社の問題とは次元の違う影響が出て

きます。

関川 当時、大手銀行が依然として多額の不良債権を抱えているのではないかという懸念が生じていたのですね。

奥山 そうです。竹中大臣からプロジェクトチームの構成員への就任を直接要請されました。金融システム安定化を検討する中で、当時、最も問題となっていたのが、銀行の自己資本の脆弱性で、その要素が不良債権償却、すなわち、貸倒引当金の十分性と繰延税金資産の適切性という点にあったことから、協会会長の私に打診されたのだと思います。協会の会長という立場でこのプロジェクトチームに入ってよいかという迷いもありましたが、会長就任に当たって「強い公認会計士」を標榜したこともあり、引き受けることを決断しました。繰延税金資産の計上は、協会の監査委員会報告に則り行われているわけですし、貸倒引当金の計上は会計問題そのものです。公認会計士が会計の専門家である以上、議論から逃げるわけにはいきません。

関川 プロジェクトチームのメンバーに就任してから多くのメディアの取材を受けたとおうかがいしました。

奥山 連日連夜、何十日とメディアの記者の取材

● 当時の報道（日本経済新聞2003年2月26日付け朝刊1面）

税効果資本

大手銀の監査 厳格に

会計士協通知 自己資本縮小も

日本公認会計士協会は、不良債権処理に伴い銀行が将来の税負担軽減を見込んで自己資本を積み増す「税効果会計」の監査について、大手銀行の監査法人に二〇〇三年三月期決算から厳格にするよう通知した。大手銀行は五年分の税負担軽減額を自己資本に算入していた。各行の業績予測などを点検し「五年より短い期間になる場合がある」としている。

同協会の奥山章雄会長が二十五日記者会見で明らかにした。銀行が融資先の破たんに備えて有税で引当金を積む場合、税効果会計では融資先が実際に破たんとして認められ、税負担が軽くなることを見込む。大手銀はあらかじめ税負担の軽減分を「繰り延べ税金資産」として計上し、同額を「税効果資本」として自己資本に繰り入れている。

繰入期間は原則一年だが、会計士協会は大手銀が政府の不良債権処理加速策で大幅な赤字決算になったことに配慮し、業績が回復すると予想できる期間に限って有税で引当金を積むなどを点検してきた。しかし今回の通知では、業績が予想通りに回復しない懸念があるとして、急回復を予想する銀行に「減額修正を求める必要がある」としている。

大手銀行は税効果資本の監査厳格化に「自己資本への算入が一部認められなくなる恐れがある」と警戒している。大手銀行の自己資本は昨年九月末時点で約十五兆円だが、八兆円だが税効果資本。繰入期間の短縮で自己資本が不足に陥る銀行が出てくる可能性もある。

大手銀行グループの株主資本

（注）2002年9月末、カッコ内は税効果資本の割合

みずほ（50%）
三井住友（62）
三菱東京（38）
UFJ（60）
りそな（76）

攻勢を受けることになり大変な思いをしました。

関川　夜も取材に来られるのですか。

奥山　毎晩、自宅に帰ると、大勢の記者が待ち構えているのです。記者の取材を1社ずつ受けるので、自宅に着いてから家の中に入るまでに1時間ぐらいかかりました。

井澤　2002年10月末に公表された「金融再生プログラム」で、「主要行における要管理先の大口債務者については、ディスカウント・キャッシュ・フロー（DCF）方式を基礎とした個別的引当を原則とし、早急に具体的手法を検討する」とされたことを受けて、非常に早いタイミングで協会が対応しましたね。

奥山　年度末も近づいており、ガイドラインの策定を急ぐ必要がありましたので、2か月で検討結果を取りまとめ公開草案として12月に公表しました。そして、2003年2月に「銀行等金融機関において貸倒引当金の計上方法としてキャッシュ・フロー見積法（DCF法）が採用されている場合の監査上の留意事項」としてガイドラインを完成させました。また、このガイドラインの公表と合わせて会長通牒「主要行の監査に対する監査人の厳正な対応について」を発出しました。マスコミはこの会長通牒を大々的に報じました（前頁参照）。

◆ メディア対応に力を入れる

関川　会長通牒が新聞等に大きく取り上げられるのは珍しいことですね。奥山さんが会長のころから、会計基準や監査の話題が新聞に大きく取り上げられるようになったと思います。

奥山　私が会長の時代には、メディアに記事が1,000以上も掲載されました。これは、社会からの公認会計士への期待の高まりを示すバロメーターでもあるので、とてもありがたいことではありますが、多くの取材に対応することには骨が折れました。

関川　必ずしも正確ではない記事が出ることもあったと思いますが、この点についてはどのように感じておられたのでしょうか。

奥山　ひどい誤りの場合は別ですが、軽微な誤りはある程度覚悟しないといけ

ませんね。当時のメディアは、繰延税金資産が何であるのかを全く理解できていませんでした。つまり、会計用語を理解している記者がほとんどいなかったのです。記者へのレクチャーも積極的に行ったのですが、短い時間の中でメディアの方々に専門的な会計用語について十分理解してもらうことは難しかったですね。最終的には、覚悟を決めて、記事になることを怖がらずに様々な情報発信を行うようにしていました。広報を担当いただいた遠藤常務理事は大変だったと思います。

●「BARレモン・ハートPART Ⅱ」
2010年発行／日本公認会計士協会出版局

井澤　専門的な会計用語を理解してもらうことに苦労したことが、漫画による会計・監査問題の解説、「BARレモン・ハート［公認会計士編］」の発行につながったとおうかがいしました。

奥山　そのとおりです。漫画では正確な説明にならないと、協会内でも強い反対がありましたが、難解な会計用語をわかりやすく伝えることが大事だと考え、プロジェクトにゴーサインを出したのです。

井澤　すごく評判になりましたね。

奥山　そうです。最初は2003年7月の公認会計士の日の記念広報として、無料で配付する小冊子だったのですが、要望が強く、最終的には6万部を発行するに至りました。その後、市販本としても出版されています。

関川　市販本は2010年にPART Ⅱも出版されていますね。奥山さんのこの時の決断が大きな実を結んだのだと思います。

◆ 金融機関の経営破たんと監査

関川　奥山さんが会長時代に、りそな銀行の実質国有化や足利銀行の経営破たんといった問題が発生し、監査を担当した監査法人がその引き金を引いたと批判にさらされるということもありました。

奥山 りそな銀行は、当時、2つの大手銀行が合併して誕生した直後でした。合併前に監査をしていた2つの監査法人が共同監査を予定していたものが、繰延税金資産の取扱いをめぐって、一方の監査法人は監査を辞退し、他方の監査法人は繰延税金資産の一部の組入れを認めないという判断を下しました。これにより、りそな銀行の自己資本比率が低下し、2003年5月に公的資金の投入が決定されました。そして、その年の秋に足利銀行の問題が発生しました。足利銀行の監査を担当していた監査法人は足利銀行の繰延税金資産に資産性はないと判断しました。これは、公認会計士がしっかりと仕事を全うした証であったわけですが、監査法人に銀行を潰す権限があるのかという意見が政治家や財界からも多く聞かれました。

関川 監査人の判断が、世の中に重大な影響を及ぼすことを目の当にして、公認会計士の世界が厳しい世界であることを再認識する出来事でした。

奥山 会計監査は会計基準に則して企業が財務諸表を作成していることを保証することが目的です。その監査の結果によって企業が倒産することもあるわけですから、監査人には一種の覚悟、胆力が必要なのです。このような覚悟を持って監査人としての義務を果たしている会員が世間から批判されているのであれば、協会には、会員を擁護する義務があると考えていました。監査業務に対する誤解であればなおさらです。銀行を経営破たんさせた責任は監査人にあるわけではないことから、そのような批判をいただくことは心外であるとメディア等に伝えるようにしていました。

◆ 産業再生機構への関与

井澤 奥山さんは、会長在任中に株式会社産業再生機構取締役、産業再生委員会委員に就任されました。産業再生機構は多くの企業の再生に関与したわけですが、当時を振り返り、印象深かった出来事がございましたらお聞かせください。

奥山 金融機関の不良債権処理を進めるためには、金融機関から融資を受けている企業の事業再生を支援する必要があるとの意見が多く出てきました。この意見を踏まえて、産業再生機構が設立されることになりました。この産業再生機構が手がける事業再生には財務や会計に関する知見が必要なことから、

公認会計士がこの産業再生機構の活動に参画することには意義があると考えました。産業再生機構には、監査法人等の協力もいただき、多くの公認会計士が所属することになり、社会に公認会計士の存在意義を認めていただくよい機会になったと感じています。私が委員の一員となった産業再生委員会は多数の著名な方々で構成され、活発な議論が展開されましたが、私も負けじと正しいと思われる方向に向けて必死に発言しました。

◆ 会社法の現代化への対応

関川　法制審議会会社法部会において、会社法制の現代化、すなわち、抜本的な改正論議を行っていました。この部会には委員として奥山さんも参加されましたが、印象に残っていることを教えてください。

奥山　初めて、「会社法」という法律が制定される審議会だったので緊張しました。1つは、会計参与制度の創設ですね。当時、日本税理士会連合会が、公認会計士の監査の対象となっていない中堅企業に監査より簡易な会計調査を導入し、それには税理士も就任できるようにすべきだと主張をしていました。協会は、独立性や責任規定が明確でない安易な制度の導入は、財務書類の適正性担保に対する社会からの信頼を損ねかねないとして、この主張に強く反対していました。

関川　いわゆる「簡易監査」の問題で、昔から折に触れて出てくる議論ですね。

奥山　当時、様々な議論を積み重ねる中で、会計参与制度が法務省民事局から提案されたのです。おそらく、政治家を含む様々な関係者との調整の結果であったと思いますが、会計参与は取締役とともに会計専門家として、財務諸表の作成に関与するわけですので、協会も反対する理由はありませんでした。

関川　長年にわたって続いてきた問題に決着をつける結果になったわけですね。

奥山　そのとおりです。もう1つは、「監査役設置会社における内部統制等の構築義務」の規定の導入です。これは、「会社法制の現代化に関する要綱試案」では触れられていなかったことから、協会が意見書で検討を要望し、実現したものです。

関川　すべての会社に内部統制の構築が義務化された画期的な出来事でした。
　　　その後、金融商品取引法で内部統制の報告・監査が定められることにもつ

ながっていったわけですね。

◆ 国際的な問題への対応

井澤　奥山さんが会長時代に、いわゆるレジェンド問題や2005年問題が表面化していたと思います。当時の協会での議論や対応を振り返っての感想をお聞かせください。

奥山　アジア経済危機に端を発して、当時の5大会計事務所（ビッグ5）が、日本企業が公表する英文財務諸表や監査報告書に日本の基準は国際基準と異なっているという「警句（レジェンド）」を記載するように要請しました。しかし、日本では監査の厳格化を進めており、会計基準についてもASBJの設立によって日本の会計基準の国際化が進展したのです。こういった動きによって、レジェンド問題は解消に至りました。

関川　EUがEU域内上場企業に2005年度から国際会計基準の適用を義務付けることを決定したことから、日本の会計基準で作成された日本企業の財務諸表がEU市場で受け入れられなくなることが危惧されていました。

奥山　これが2005年問題と呼ばれていました。この問題に対応するために協会では、2005年問題プロジェクトチームを設置して対応を検討し、「2005年問題に関する提言」を取りまとめました。金融庁や経団連等とも連携してこの問題へ対応してきたわけですが、その中でも協会が先駆的な役割を担うことができたと考えています。

◆ 道路公団財務諸表検証問題

関川　奥山さんの会長時代に、公的分野への公認会計士の関与が大きく進みましたが、2003年8月には、道路公団の財務諸表をめぐる問題が発生しました。

奥山　当時、道路公団では、公表した民間基準による財務諸表のほかに、財務内容が悪いことを示す別の財務諸表の存在が世間を騒がせていました。

関川　「幻の財務諸表」といわれていましたね。

奥山　そうです。当時の国土交通大臣が、日本道路公団が公表した民間基準による財務諸表を監査法人による外部監査にかけ、正確性や信頼性を再調査す

ると発表したことが発端でした。

関川　対象となる財務諸表は、正規の財務諸表ではないことなどから、実際は監査法人が受嘱したのは、監査ではなく、合意された手続業務だったのですよね。

奥山　そのとおりです。合意された手続業務では、例えば、計算過程の正確性の検証のようなチェックは行いますが、監査のように全体としての財務諸表の適正性を担保するわけではありません。他方で、道路公団の資産の評価方法に問題があり、多くの含み損があるのではないかといった報道がなされており、この点について社会からの関心が高い状況となっていました。こういった状況から、私は、道路公団が監査法人から「合意された手続報告書」を入手したタイミングで「財務諸表の信頼性が確保された」といった見解を発表することを危惧していました。

関川　実際に当時の道路公団総裁が「財務諸表の信頼性が確保されたのではないか」との談話を発表しました。

奥山　危惧していたことが現実となったことから、即座に記者会見を開催し、社会の誤解を正す対応をとりました。

関川　非常にすばやい対応で、新聞にも取り上げられました。

奥山　協会の社会に対する発信というのは、常にタイミングをとらえて、言うべきときに言わないと意味がなくなってしまうと思います。協会の会長は、常にアンテナを張っておく必要がありますが、そのためには協会事務局の果たす役割も大きいと思います。

◆ 監査基準の全面改訂

井澤　2002年1月に監査基準が10年ぶりに大改訂されたことも大きな出来事でした。

奥山　この大改訂の中で画期的であったのは、「継続企業の前提に重要な疑義あり」と判断された場合、監査報告書にその旨を記載することが義務付けられたことですね。また、監査基準の全面改訂を受けて、監査基準委員会にフル活動してもらい委員会報告書の改訂作業を進めていただきました。

Episode 02

◆ 会長業務の激務の中で

関川 協会の会長職は非常に多忙ですし、特に奥山さんの会長時代はマスコミの注目を浴びる問題も多く、ストレスも大きかったと思いますが、ストレスの解消はどのようにされていたのでしょうか。

●協会職員との最後の全体集会での一コマ

奥山 結局、ストレスは、解消できなかったですね（笑）。ただ、私が会長に就任した年齢が50代と若かったことが幸いしたと思います。特に、私が会長の時代は朝から晩までメディア対応を行いつつ、様々な審議会や検討会に出席し意見を発信していました。頭の切り替えを早くして、受け身ではなく攻めの姿勢で情報発信をするようにしていました。これができたのは、長く協会の会務に携わってきた経験があったことが大きかったですね。また、協会の役員や職員の皆さんのことをよく知っていたので、必要な事項を適任者に即座に頼めたことも大きかったと思います。そして、よく動いてくれた副会長、最強といわれた総務担当常務理事の方々、いつでも集合してくれた地域会会長兼理事の方々の協力も実に大きかったです。実は会長退任後も、これらの方々と奥山会と称して13地域を13年かけて懇親旅行をしていました。奥様同伴にしましたので、実になごやかな会でした。当時、苦労は多くストレスもありましたが、一方でやる気も十分にありましたので将来に向かって頑張るぞと自分自身を元気づけながら日々邁進していました。

◆ 公認会計士業界へのエール

井澤 公認会計士制度は今年（2018年）の7月に70周年を迎えます。60周年からの10年間を振り返っていただくとともに、公認会計士業界へのエールをいただけますでしょうか。

奥山 私は、現在、企業の監査役等の立場で監査人とかかわっていますが、年々、

監査が緻密になり、現場の公認会計士の方々は苦労していると思います。本来、監査基準というものは、監査現場の実務を通じて開発されるものだと思うのですが、監査人が現場の仕事に忙殺され、現場から意見を発信していく余裕がなくなっている状態を非常に危惧しています。このような状況では、監査業務が創造的な仕事に成りえません。協会も監査法人もこの状況を改善すべく知恵を絞り出していただきたいと思います。また、世の中には独立性を前提として成り立つ様々な業務・役割が存在しますが、公認会計士の独立性というのは、他の士業にはない特徴的なものです。「公認会計士の独立性」をもっとアピールして、活躍の場を広げていってほしいですね。

井澤 本日は、貴重なお話を多くお聞かせいただきました。今後もますますのご活躍を期待いたしております。本日はありがとうございました。

奥山 こちらこそありがとうございました。

エンロン・ワールドコム事件の衝撃
− SOX法の制定とそれが世界に与えた影響 −

　米国において、2001年10月に大手エネルギー企業、エンロン社の不正会計疑惑[1]が明るみになり、同年12月にエンロン社が破たんした。また、2002年6月には、大手通信会社、ワールドコム社の多額の不正経理[2]も発覚し、2002年7月に破たんとなった。この両社の監査を担当していた、当時ビッグ5の一角を占めていた、アーサー・アンダーセンは、特にエンロン社の監査を巡る監査上の問題[3]により、信用が失墜し、2002年8月に解散することとなった[4]。

　米国では、エンロン、ワールドコム両社の会計不正を教訓にサーベンス・オクスリー法（SOX法）が2002年7月に成立し[5]、公開企業の会計・監査に関する規制が強化されることとなった。SOX法の主要な内容は以下のとおりである。
・不正に対する罰則の強化、CEO及びCFOによる財務諸表に対する宣誓制度の導入、監査委員会の権限強化など、企業や経営者の責任の強化が行われた。
・財務報告に関する内部統制に対する報告・監査制度が導入された。
・公開会社会計監視委員会（PCAOB）が設置され、公開企業を監査する監査事務所の登録・検査制度の導入、公開会社向けの監査基準の設定権限が付与された。
・監査責任者の交代のルール化、一定の非監査業務の同時提供の禁止など、監査人の独立性の強化が図られた。

　世界最大の資本市場を有し、強固な会計・監査制度が存在していると認識されていた米国での会計不祥事とそれに伴うSOX法の影響は世界に波及した[6]。特にそれまで、監査業界における規制は、自主規制が中心であったものが、少なくとも上場会社等の監査においては公的規制が強化されるきっかけとなった。この動きは、日本にも大きく影響し、2003年の公認会計士法の改正に大きな影響を与えたのは、奥山元会長へのインタビューにあるとおりである。

銀行監査の歴史

　奥山元会長へのインタビューでは、当時の銀行監査を巡る状況が、緊迫感をもって語られている。当時の日本政府が「金融再生プログラム」の下で進めた不良債権処理の中、監査人の判断が、銀行の事業存続にも大きな影響を及ぼす事態にもなったことが背景にあった。しかし、1970年代半ばまでは、銀行はたとえ証券取引所に

上場していても、証券取引法（以下「証取法」。現、金融商品取引法）による公認
会計士（監査法人）の監査を受ける必要がなかったと知ると、驚く方も多いと思う。

【銀行への公認会計士監査の導入】

1950年に証取法が改正され、上場企業等に公認会計士による監査が義務付けられ
たが、証取法施行令の附則により、「銀行、信託会社、保険会社及び建設保証会社
は、当分の間、公認会計士の監査証明を受ける必要がない」とされていた。

銀行は、わが国信用機構の中枢機関であり、一般企業に比べてきわめて公共性が
強いことから、銀行法等による各種の規制の対象とされ、また、監督官庁である大
蔵省による厳重な監督・検査の対象とされている。これが、証取法監査の適用が除
外されていた理由であったとされている。

1960年代後半から、商法改正による公認会計士監査の導入が議論され始めた。銀
行業界は、銀行への公認会計士監査の導入に対して、当初から反対ないし、懸念を
表明していた[7]。

しかし、銀行等も株式会社としては、一般の企業と変わりがなく、財務諸表等に
ついて公認会計士の監査を受けてこれを公表することが、新しい経済社会の要請で
あると考えられること、また、預金者の保護や信用秩序の維持を目的とした大蔵省
や日本銀行の検査等と、株主や債権者の保護を目的とした商法上の監査とは、性格
を異にしていると考えられたことから、銀行も公認会計士監査の対象に加えられる
ことになった。

1974年4月の株式会社の監査等に関する商法の特例に関する法律（商法特例法）
の公布により、銀行等で資本金が10億円以上のものについては、1976年9月期[8]
から商法監査が実施されることになった。また、1975年12月の証取法施行令改正に
より、1976年9月期から、資本金が10億円以上の銀行等に対して、証取法監査も導
入されることになった[9]。

JICPAは、銀行監査実務に関する研究調査のために、1974年3月に銀行監査特別
委員会を設置し、同特別委員会は、1975年8月に「銀行監査一般指針」、同年9月
に「銀行業監査手続一覧表」、1976年1月に「銀行業内部統制質問書」、「銀行監査
所要日数」、「銀行業統一経理基準及び財務諸表様式に係る監査上の取扱い」を答申
した[10]。

【銀行監査の契約を巡るJICPAの対応[11]】

商法改正による監査対象の大幅な拡大に対して、JICPAは、特別委員会として「商

Column

法監査受入対策委員会」を1970年8月に設置した。同特別委員会からは1974年商法改正案の成立後、特に金融機関に限定して中間答申が出された。その中では、銀行の決算期が3月、9月に集中していることから、商法監査を実効あるものとするには、「全会員の総動員体制の確立[12]」する以外には方策はないとされ、「協会本部の強力な方針の下に契約自由の原則もある程度制約を受けることもあること等を理解すべきである」とされた。このような考え方のもの、1975年11月に会長、副会長、関係常務理事、地域会会長で構成する金融機関監査契約調整幹事会(以下、「幹事会」という)が設置された。JICPAは一貫して、「全員参加」「地元尊重」の方針で対応したが、金融機関の大多数は、当時勃興しつつあった監査法人との監査契約を予定した。幹事会は、銀行等金融機関との監査契約の受嘱を予定していた監査法人と数度にわたって話し合いを持ったが、幹事会による監査契約の調整は総体的にみて機能せず[13]、金融機関との監査契約は契約自由の原則の下で進められた。

【大蔵省の事前規制の下での銀行監査】

　銀行監査が導入された1970年代半ばにおいては、銀行の会計処理は大蔵省銀行局長通達である統一経理基準の下で行われていた。統一経理基準の下では、貸出金の償却・引当について、法人税法上、無税での償却・引当が可能なものについては、必ず限度額まで計上し、有税での償却については、事前に当局(財務局)に届け出る制度であった。さらに、貸出金の無税償却については、金融検査官による不良債権償却証明制度があり、1950年に実施以来、1997年7月に廃止されるまで続いた。この制度は、金融検査官が、「回収不能または無価値と判断した債権、もしくはこれに準ずる債権」として証明した額は、原則として、法人税基本通達上も損金として認定される制度であった。

　また、銀行法の規定に基づく、大蔵省検査においては、全資産をその回収の確実性に従って、Ⅰ、Ⅱ、Ⅲ、Ⅳの4分類に区分する。Ⅳ分類は、「回収不能又は無価値な資産」であり、全て無税償却の対象、すなわち、銀行決算上、必ず償却しなければならない資産とされていた。

　このような金融当局による検査と無税償却、銀行会計上の処理が密接に結び付き、また、有税による償却・引当が事前に当局に届出を要するなど、銀行の自主的判断だけでは容易に行えない制度[14]下で、銀行監査上、最も重要な項目である貸出金の償却・引当に関して、公認会計士監査は、「結果的に大蔵省による不良債権処理の決定を追認せざるを得なかった[15]」との評価もある。

【資産の自己査定制度の導入と銀行監査】

　バブル経済の崩壊は金融機関の経営にも深刻な影響を与え、多額の不良債権を抱えるとともに、いわゆる金融不祥事、経営破たんが相次いで発生し、従来の銀行監督手法の限界が指摘されるようになった。1995年12月、大蔵省の下に置かれた金融制度調査会は、「金融システム安定化のための諸施策」を答申し、金融機関経営の健全性確保のための行政手法として、自己資本比率等の客観的な基準に基づいて業務改善命令等の措置を講じていく早期是正措置制度を導入することを提言した。この提言に基づき、1996年6月に「金融機関等の経営の健全性確保のための関係法律の整備に関する法律」などのいわゆる金融三法が成立した。

　金融三法の成立を受け、1996年9月に大蔵省銀行局長の私的研究会として「早期是正措置に関する研究会[16]」が発足し、同研究会は同年12月に「中間とりまとめ」を公表した。その中で、「早期是正措置の導入にあたっては、まず金融機関が自らの責任において企業会計原則等に基づき適正な償却・引当を行うことにより、資産内容の実態を出来る限り客観的に反映した財務諸表を作成することが前提となる。（中略）また、会計監査人においては、財務諸表の適正性について深度ある監査を行うことが求められる。」とされた。大蔵省大臣官房金融検査部長は、この検討結果を踏まえて、1997年3月に「早期是正措置制度導入後の金融検査における資産査定通達について」（以下、「資産査定通達」という）を発出した。その中で、金融機関が自らの責任で行う自己査定と会計監査人による監査を前提として、大蔵省による金融検査が行われることが明確に示された。すなわち、公認会計士による監査が、銀行の償却・引当において、今までと比べて非常に重要な役割を果たすことになった。

　一方、JICPAは、金融制度調査会の答申の中で、信用金庫、信用組合等の協同組織金融機関への公認会計士監査の導入についての提言がされたこと、また、1996年12月、大蔵省の金融検査・監督等に関する委員会から「今後の金融検査・監督等のあり方と具体的改善策について」が公表され、金融機関に対する行政当局の早期是正措置の前提となる、金融機関による資産の自己査定に外部監査を導入する等の考え方が示されたことに対応するため、1996年3月に「銀行等監査特別委員会」とその付属機関として「銀行等監査問題懇談会」を設置した。

　銀行等監査特別委員会は、同委員会報告第4号「銀行等金融機関の資産の自己査定に係る内部統制の検証並びに貸倒償却及び貸倒引当金の監査に関する実務指針」（以下、「4号実務指針」という）など、5つの報告書を公表した。

Column

【日本長期信用銀行、日本債券信用銀行の経営者の起訴と無罪判決】

　このような、銀行の不良債権処理の考え方が大きく変化する狭間で起きたのが、日本長期信用銀行（長銀）及び日本債券信用銀行（日債銀）の実質的な経営破たんと一時国有化[17]であり、両銀行の経営者はその後、虚偽の有価証券報告書を提出したとして逮捕・起訴され[18]、刑事責任を問われることになった。下級審では、双方の事案とも有罪との判断が示されたが、被告は控訴し、長銀の経営者に対しては、2008年7月に、日債銀の経営者に対しては、2011年9月に、それぞれ無罪判決が確定した。

　両方の刑事裁判においては、貸出金の償却・引当に関して、旧商法第32条第2項の「公正なる会計慣行」が、当時どのようなものであったかが、焦点となった。無罪判決の根拠として、過渡期であった1998年3月期決算における会計処理基準として、資産査定通達を踏まえた決算経理基準[19]が、唯一の「公正なる会計慣行」とは必ずしも言えないとされた。

【金融再生プログラムと銀行監査】

　バブル崩壊から2000年代初頭にかけて、日本の金融機関の不良債権については、特に海外から、その額が過少に見積もられているのではないかとの疑念が寄せられていた。小泉内閣の下で2003年に経済政策担当大臣と金融担当大臣を兼務した竹中平蔵大臣は、日本の金融システムと金融行政に対する信頼を回復し、世界から評価される金融市場を作るためには、まず主要銀行の不良債権問題を解決する必要があるとの考えの下、2002年10月30日に「金融再生プログラム」を公表した[20]。同プログラムでは、2004年度には、主要行の不良債権比率を現状の半分程度に低下させ、問題の正常化を図るとともに、構造改革を支えるより強固な金融システムの構築を目指していた。その中で、当面の金融機関経営への影響が大きく、また公認会計士による銀行監査にも大きな影響を与えたのが、資産査定の厳格化であった。

　資産査定の厳格化として、「資産査定に関する基準の見直し」として「引当に関するDCF的手法の採用」、「引当金算定における期間の見直し」、「大口債権者に対する銀行間の債務者区分の統一」、「デット・エクイティ・スワップの時価評価」が掲げられた。また、「自己資本の充実」として「繰延税金資産の合理性の確認」も含められた。

　JICPAは、同プログラムを受けて、2003年2月24日付けで会長通牒「主要行の監査に対する監査人の厳正な対応について」並びに「銀行等金融機関において貸倒引当金の計上方法としてキャッシュ・フロー見積法（DCF法）が採用されている場

合の監査上の留意事項」及び「銀行等金融機関の正常先債権及び要注意先債権の貸倒実績率又は倒産確率に基づく貸倒引当金の計上における一定期間に関する検討」を公表した。

【金融検査マニュアルとその廃止】

　1998年6月、金融監督庁[21] が発足し、大蔵省から銀行など金融機関の検査・監督機能を引き継いだ。同時に大蔵省が決算経理基準を含む金融関連の通達を廃止したことにより、銀行にも一般の会計基準が適用されることとなった。

　金融監督庁は、1999年7月に金融検査部長通達「預金等受入機関に係る検査マニュアルについて」（以下、「金融検査マニュアル」という）を公表した。

　金融検査マニュアルは、検査官の金融検査における手引書として位置付けられたものであり、また、金融機関がマニュアルを参照して内部態勢の整備を行うことを期待したものである。金融検査マニュアル中の「信用リスク検査用マニュアル」では、償却・引当の方法について検査のための詳細なガイドラインを示しており、これが銀行業の償却・引当の実務に多大な影響を与えたとされている。

　金融検査マニュアルは、金融危機時において、最低限の自己査定、償却・引当、リスク管理態勢等を確立するのに有用であったとされる。他方、ルールベースとなる形式チェックに基づいて、個別の資産査定や法令遵守の事後的な検査が実施され、「形式への集中」「過去への集中」「部分への集中」が生じ、金融機関の創意工夫を阻害した可能性があるとの指摘もある。

　金融庁では、「金融検査・監督の考え方と進め方（検査・監督基本方針）」（2018年6月版）で、検査・監督の枠組みにプリンシプル・ベースの考え方を取り入れ、「形式・過去・部分」への集中を「実質・未来・全体」へと転換することを推進していくことを示し、金融検査マニュアルを廃止する方針[22] を示した。

　金融検査マニュアルは、銀行の不良債権の償却・引当実務に大きな影響を与えてきたと考えられ、その廃止が、今後の銀行の決算・監査実務にどのような影響を及ぼすのかが注目される。

脚注

1）様々な不正会計手法が使われたが、特に特別目的会社を利用し、利益のかさ上げ及び負債の圧縮を図ったとされる。

2）費用計上すべきものを固定資産に計上する、比較的単純な会計不正だったとされる。

3）エンロン社の監査関係書類を破棄したと報道された。2002年6月に第一審で有罪判決を受けたことから、上場企業等の監査業務を実質的に継続できなくなり、アーサー・アンダーセンは公認会

Column

計士免許を返上し、監査事務所として実質的に解散することとなった。最終的にこの件に関する刑事事件でアーサー・アンダーセンは無罪判決を得ているが、それは既に同社が解散してから2年9か月後のことである。

4） 世界各地にあったアーサー・アンダーセンの拠点は、その多くは他のビッグ5のいずれかに吸収され、会計士業界は、ビッグ5からビッグ4に再編されることとなった。例えば、当時アーサー・アンダーセンと提携関係にあった朝日監査法人は、提携先をKPMGに変更し、現在の有限責任あずさ監査法人となっている。（本書コラム「海外会計事務所の日本進出と日本の監査法人との提携の変遷」（76ページ）参照）

5） オクスリー下院議員が提案した法案が4月に下院で可決し、サーベンス上院議員が提案した法案が6月に上院で可決され、両院による合同委員会による調整を得て、7月に成立した。両院の提案者の名前を採り、サーベンス・オクスリー法と呼ばれる。法案の成立過程で、ワールドコムの不正事件が発覚し、より厳しい法律の成立につながったとされる。

6） 特に、監査規制を巡り、世界各地でPCAOBを参考に会計職業団体から独立した公的・準公的機関を設立し、監査業務の検査を行うことが定着した。それらの機関の国際的集まりが、監査監督機関国際フォーラム（IFIAR）であり、2017年4月に事務局が東京に開設された。

7） 例えば、1968年7月に全国銀行協会は、法務大臣等関係当局に要望書を提出し、銀行について、主務官庁の指導の下に、経理組織や内部統制が充実していることなどを理由に、当分の間、会計監査人の監査を受ける必要はなく、商法改正が行われる場合に銀行については適用除外の措置を要望していた。

8） 当時は、銀行は全て半年決算であった。銀行が1年決算に移行するのは、1981年の銀行法改正による1983年3月期決算からのことである。

9） 1983年6月の証取法施行令改正により、資本金10億円未満の銀行等にも証取法監査が行われることになり、これをもって、銀行等に関する証取法監査の免除規定は全て廃止された。

10） 保険会社監査委員会も同時に設置され、「損害保険会社監査一般指針」と「損害保険会社監査手続一覧表」が1976年1月に公表されている。「損害保険会社」に限定されているのは、この当時、大規模な生命保険会社は全て相互会社であったため、資本金基準に基づく商法監査が適用される生命保険会社がなかったためである。生命保険会社が商法特例法に基づく会計監査人監査の対象となるのは、1981年の商法改正により、大会社の定義に負債基準が加えられた後のことになる。

11） 商法改正が議論された時、特に金融機関の監査を考えると、会員（公認会計士）の大多数が監査を実施しなければ、人員が不足すると考えられていた。しかし、施行当初の商法監査の対象は、資本金10億円以上の会社にその範囲が狭められたこと、また、銀行監査について必要とされた監査日数に対して、銀行側から強い反発があったこと等により、当初考えられた程には業務は拡大しなかった。銀行との監査契約を巡るJICPAの対応には、このような背景があった。

12） JICPAの第9年度（1975年3月期）の事業計画の重点施策の第一にも、「商法監査実施に万全の施策を講ずるため、全会員による監査体制を整備する」ことがうたわれた。また、各地で監査団が結成されたのも、商法監査の実施がきっかけである。

13） 例えば、幹事会は、1976年5月に一つの監査法人の契約数は原則5行までとするとの決定を行い、その決定に従った裁定を行い、JICPA会長は該当する10監査法人に対して、会則に基づく勧告を行ったが、9監査法人は「裁定に沿いかねる旨の返事」をよせた。（『公認会計士制度35年史－最近の10年－』、JICPA、150ページ）

14） また、銀行が有税による貸出金に消極的になる理由として、個別財務諸表における税効果会計が、1998年3月期決算までは認められず、1999年3月期決算から適用されることになったことも指摘できる。

15） 『銀行の不良債権処理と会計・監査』、児島隆　著、中央経済社、2015年、42ページ。

16） 当時のJICPA副会長もメンバーとして参加していた。

52

17）長銀は1998年10月23日、日債銀は1998年12月13日に一時国有化された。

18）長銀の経営者に関しては、違法配当も起訴理由とされた。

19）1982年４月の改正銀行法施行に合わせて、それまでの統一経理基準は、新通達の決算経理基準として盛り込まれた。また、決算経理基準は、JICPAの４号実務指針の内容を採り入れた形で1997年７月に改訂され、1998年３月期から適用されることとされていた。

20）奥山元会長のインタビューにあるとおり、このプログラムの作成を行った「金融分野緊急対応戦略プロジェクトチーム」５名のメンバーの１人が奥山会長（当時）だった。

21）2001年７月に金融監督庁が改組され、金融庁が発足した。金融庁は、金融機関の検査・監督に加え、金融制度に関する企画・立案事務を大蔵省から移管された。

22）金融庁が2019年９月に「検査マニュアル廃止後の融資に関する監督・検査の考え方と進め方（案）」を公表し、寄せられた意見を基に、2019年12月に同文書を最終化し、同時に「金融検査マニュアル」を廃止する考えを示した。

Episode 03

日本公認会計士協会 相談役
藤沼亜起 氏

■ インタビュアー

機関誌編集委員会 委員
須藤一郎 氏

日本公認会計士協会 主任研究員
関川 正 氏

Episode 03

日本公認会計士協会には、社会の動向を推察し、先手を打って積極的に公益保護のためのアクションをとっていただきたいと思います。

在任中の出来事

	会計・監査に関連する事象	世相
2004年	9月 ・西武鉄道「有価証券報告書への虚偽記載問題－大株主の保有率－」が発覚	8月 ・福井県美浜町の原子力発電美浜原発3号炉で蒸気漏れ事故 ・第28回オリンピック競技大会（アテネ）開催 10月 ・新潟県中越地方で震度7の地震発生 11月 ・日本銀行が新札発行（五千円札、千円札） 12月 ・スマトラ沖大地震発生、M9.1 ■今年の漢字第1位「災」：天災や美浜原発での事故などの人災が多発。「災い転じて福となす」との思いを込めて
2005年	4月 ・米国SECの主任会計士が、外国企業のIFRS適用を容認するためのロードマップを公表 ・カネボウ 粉飾を行っていたことを公表 6月 ・カネボウ上場廃止 7月 ・新「会社法」公布 12月 ・西武鉄道上場廃止	4月 ・JR西日本宝塚線（福知山線）脱線事故発生 ■今年の漢字第1位「愛」：紀宮様ご成婚や「愛・地球博」の開催。残忍な少年犯罪など愛の足りない事件が多発し、「愛」の必要性と「愛」の欠乏を実感した年
2006年	1月 ・ライブドア事件（堀江社長、宮内取締役ら4人を逮捕） 5月 ・金融庁 中央青山監査法人に対して業務停止2カ月の行政処分 11月 ・第17回世界会計士会議（イスタンブール）開催	2月 ・第20回オリンピック冬季競技大会（トリノ）開催 3月 ・第1回ワールド・ベースボール・クラシックで日本が世界一 ■今年の漢字第1位「命」：悠仁様ご誕生で祝福ムードに包まれた一方、いじめによる自殺など痛ましい事件が多発した年
2007年	7月 ・みすず（旧中央青山）監査法人解散	2月 ・年金記録問題「消えた年金」が判明 4月 ・食品偽装事件多発

●年表内の「今年の漢字Ⓡ」は（公財）日本漢字能力検定協会の登録商標です。

公認会計士を目指したきっかけ

須藤 本日は、藤沼さんが、日本公認会計士協会の会長や国際会計士連盟（IFAC）の会長を務められた時のお話を中心にお聞きしたいと思います。まず、最初に、藤沼さんが公認会計士を目指すこととなったきっかけについて教えていただけますでしょうか。

藤沼 私は、幼少期から杉並区に住んでいたのですが、教育熱心な家庭が多く、友人の多くは都立西高等学校から東京大学へ進学を目指していました。私自身は、友人たちとは違った何かプロフェッショナルな仕事を目指したいと考えていました。弁護士を目指すということも考えていたのですが、兄から公認会計士がよいのではないかというアドバイスを受け、公認会計士を目指すこととしました。そして、当時、公認会計士試験合格者を最も多く輩出していた中央大学へ進学することを決めました。

関川 大学進学時から、公認会計士という職業を意識されていたのですね。そういった方は、当時では珍しかったのではないでしょうか。

藤沼 そうかもしれませんね。ただ、大学時代は商学部公認のクラブ組織、「商学会」の活動で他大学との交流などに力を入れていて、どちらかといえば、あまり勉強に力が入っていませんでしたね（笑）。そのようなこともあり、大学の先輩から怒られたこともありました。諸先輩方には熱心に指導していただき、私自身も大学4年生ぐらいから受験勉強にもエンジンがかかり始め、大学を卒業した年に試験に合格することができました。

外資系の事務所への転職

関川 藤沼さんは、いわゆる外資系の事務所にいらしたと思うのですが、若いころから国際関係の業務に携わりたいといった思いが強かったのでしょうか。

藤沼 実は私は、もともと、国際関係の仕事に従事するつもりはなく、公認会計士の資格を取ったら独立開業して個人事務所を運営していこうと思っていました。私が公認会計士試験に合格した当時は、大規模な監査法人は存在していなかったので、実務経験を積むために、個人会計士の共同事務所に入所しました。この事務所で、ある大手企業の監査業務にアサインされ、同社と

外国企業との特許契約について検証することとなりました。この検証に当たって、非常に多くの英文の書類を渡されたわけですが、当時は英語が得意ではなかったので、苦労しながら書類を読解することになったのです。その時の苦い経験から、これから公認会計士として仕事をしていくためには英語ぐらいできないとだめだと思ったのです。

　それで、最初に入った事務所を1年で辞めて、アーサーヤングの東京事務所に移りました。外資系の事務所に入所したことで、キャリアや価値観がこれまでと180度変わったわけです。非常に大きな人生の岐路であったと感じています。

関川　外資系の事務所では、当時は監査調書も英語で作成されていたと思いますが、当初は相当苦労をされたのでしょうか。

藤沼　入所当初は本当に苦労しましたね。事務所に入所した時に、英文の監査マニュアルを渡されて、一所懸命、読もうとしたのですが全然読めなくて大変でした。

　また、英語での調書作成にも当初はとても苦労しましたね。企業へ往査した時に日本語でメモを取っておき、夜に英語で正式な調書を作成していたことを覚えています。

須藤　海外赴任もされたのでしょうか。

藤沼　長期出張ベースで米国などにも行っていましたが、駐在したのは、ベルギーのブリュッセルです。アーサーヤングが初めて欧州に日本人を送るということで、30代の前半に家族を連れて赴任しました。

関川　欧州最初の駐在員が英国やフランスではなく、ベルギーなのはちょっと意外な感じがしますが。

藤沼　ベルギー国内の仕事だけではなく、欧州担当ということで、ドイツやフランスなど欧州各地に出張ベースで仕事をしていたのですよ。

◆ 協会の国際業務とのかかわり

須藤　帰国後、協会の特に国際的な活動にかかわられるようになるわけですが、そのきっかけなどを教えてください。

藤沼　帰国後、協会の監査第一委員会の委員をしていたのですが、当時の

IFACの国際監査実務委員会（IAPC）の日本代表にならないかというお誘いを受け、お引受けしたのです。

関川　IAPCというのは、今の国際監査・保証基準審議会（IAASB）の前身組織で、国際監査基準、当時は国際監査ガイドラインと呼ばれていた国際基準を作っていた組織ですね。それまでは、その後に協会の会長になられる中地宏さんが日本代表として参加していたのですよね。

藤沼　そうです。当時の日本では、国際派の公認会計士は少なく、協会では中地さんや、1990年代に国際会計基準委員会（IASC）の議長になられる白鳥栄一さんなどが国際的な活動を担っていました。中地さんは、IAPCの日本代表を退任された後はIFACの理事になられました。

関川　当時のIAPCには、その後、国際会計基準審議会（IASB）の初代議長に就任するDavid Tweedie卿も参加していたと聞いたことがあります。

藤沼　そうです。彼とはIAPCでの活動を通じて親密な関係を築くことができました。

須藤　協会の役員になられたのもそのころでしょうか。

藤沼　IAPCの日本代表を5年ほど務めていた1989年に、初めて協会の役員になりました。アーサーヤングの東京事務所は既に監査法人朝日新和会計社と合併していたのですが、協会の会長も務められた尾澤修治さんに目をかけていただいて、薦められて協会の理事選挙に出ることになりました。役員の2期目と3期目は常務理事として国際業務を担当していました。

◆ IFACの副会長、会長へ

関川　その後、1992年から、中地さんの後任としてIFAC理事に就任することになるわけですね。

藤沼　理事の1期目（任期2年半）に会長や副会長、委員の選任について大きな権限を有する推薦委員会の委員を拝命しました。そして、2期目には、少数の理事で構成される常任委員会のメンバーに選出されました。

須藤　そこから、IFACの会長になられたのはどういう経緯なのでしょうか。

藤沼　当時の私は、IFAC会長に就任するとは夢にも思っていませんでした。ただ、IFACの理事として、推薦委員会や常任委員会といった重要なポジシ

ョンを務めていたので、「次のIFAC副会長、会長には藤沼がよいのではないか」といった噂が理事の中から出てきたみたいなのです。ある時、フランス代表のIFAC理事のRene Ricol氏から、「アキ、副会長選に出るのか？」と聞かれたのです。「何にも考えてない」と答えたところ、「アキがもし副会長に立候補するのだったら、自分は今回は出ずに、サポートに回る」と言われたのです。

関川　IFACでは、副会長が次の会長に就任しますので、副会長に立候補するというのは、すなわち、会長を目指すことなのですね。

藤沼　自分だけでは決められない重要な問題なので、当時、IFACの理事会で私のテクニカル・アドバイザーを務めていた、協会の大橋事務総長に相談したところ、それは素晴らしい話だということになり、私の所属していた監査法人のトップをはじめ、日本の関係者の説得に当たってくれました。

関川　藤沼さんは、この時はアーサーヤングとアーンスト＆ウィニーの国際的な合併の影響もあって、太田昭和監査法人（現 EY新日本有限責任監査法人）におられたのですね。

藤沼　そうです。IFAC副会長と会長は時間の多くをIFACの活動に費やす一方、無報酬ですので、所属する監査法人の理解がなければとても務まりません。日本から初のIFAC会長を出すのは素晴らしい、皆さん大賛成ということで、副会長に立候補することになったのですが、私1人だけ心配している状況でしたね。

関川　副会長に選ばれない心配ではなく、選ばれた時の心配ですね。

藤沼　自分にIFAC会長職が本当に務まるのかという不安は大きかったです。幸い無事選任され、1997年11月にIFAC副会長そして会長としての5年間がスタートしました。

須藤　ご自分がIFACの中で支持されて副会長、会長になられたのはどういう点が評価されたと感じておられますか。

藤沼　自分でもよくわからないことがあって、その解明はできませんが、理事になって初めから重要なポジションを与えられたのは幸運でした。実は、IFACの理事になる前に、前任の中地さんのテクニカル・アドバイザーとして2年間、理事会に参加していたのです。その経験を買われたということもあったでしょうし、日本のプレゼンスが高まって、欧米からではなく、アジ

アから誰かを選出しなければという流れの中で、たまたま自分がそこにいたという要素もあったでしょう。比較的、社交的で物怖じせずに外国の方とも付き合ったというのはあるのかもしれませんね。

関川 藤沼さんはよく、3F、〝Friendly〟、〝Frank〟、〝Fair〟が大事と言われてますね。そういえば、藤沼さんの下の名前は、「つぐおき」ですが、外国の方からは「アキ」と呼ばれて、英文レターの署名にも使われていますね。

藤沼 べつに、外国向けに考えたということではなく、漢字の「亜起」の音読みで子どものころから家族や友人が「アキ」と呼んでいたんですよ。

関川 いずれにしろ、ファースト・ネームで呼ばれる関係を築くことは重要なのでしょうね。

◆ IFAC副会長、会長としての仕事について

須藤 IFACの副会長として取り組まれたことはどのようなことだったのでしょうか。

藤沼 IFACの構造改革ですね。IFACを取り巻く環境の変化が激しく、これに対応するため、IFACの構造と組織見直しのためのタスクフォース（TF）が設置され、副会長の私が議長になりました。TFには世界銀行の副総裁をはじめとする外部の錚々たる方々にも入っていただきました。

須藤 具体的にはどのような改革が行われたのでしょうか。

藤沼 例えば、当時のIFACは2年半に1回の頻度で総会を開催していたのですが、様々な問題が山積する中、機動的な意思決定を行えるように、毎年総会を開催するようにしました。また、IFACの理事会の構成と役割を変更したり、当時、兄弟組織であったIFACとIASCの関係をIASCの改組方針を踏まえて見直すなど、多岐にわたっています。

関川 IFACとビッグ・ファームの関係が強化されたのもこのころのことですか。

藤沼 1997年にアジア経済危機が発生して、これをきっかけとして世界銀行の副総裁が当時の5大会計事務所（ビッグ5）を厳しく批判しました。各国で同じ名前で監査報告書にサインしていても、品質が統一されてなく内容が異なるではないかというわけです。それまでビッグ5は、IFACとは一定の距離を保ち、IFACを対等なパートナーとみていないような感じもあったの

Episode 03

ですが、会計・監査基準の国際的統一化が進んでいないことに危機感を覚え、IFAC に接近してきました。

関川 これが我が国でのいわゆるレジェンド問題、日本企業が公表する英文財務諸表や監査報告書に日本の基準は国際基準と異なっているという「警句（レジェンド）」を記載する問題に関係しているのですね。

藤沼 そのとおりです。特に、当時の日本の金融機関などの不良債権問題が大きく影響していました。ビッグ５の様々な人物と会い、議論を重ねたわけですが、忙しく、ビジネスライクな方々ばかりだったので、ロンドンなどの空港近くのホテルで会議をすることもありましたね。

関川 空港の近くで会議をされたのですか。

藤沼 市内まで行くと時間がかかるから、空港近くのホテルで会うといったことが結構あったのですよ。最終的には、私が会長になった後に、世界的なネットワークを持つ会計事務所から構成される自主参加方式のフォーラム（FoF）を IFAC とは別組織として設置し、その執行委員会としての多国籍監査委員会（TAC）を IFAC の委員会として設置することになりました。この時、TAC の委員長で親しくなったのは Robert Herz 氏で、彼は2002年から米国財務会計基準審議会（FASB）の議長となっています。

関川 IFAC の会長時代の話に移りますが、初めて IFAC の会長としてスピーチするときに、すごくプレッシャーを感じたとお聞きしました。

藤沼 2000年５月にエジンバラで開催されたミニ世界会計士会議の時のことですね。私が会長に就任するというので、協会の中地会長など、多くの日本人が参加してくださいました。会議が終わった後の記者会見にはフィナンシャルタイムズなどの有名な新聞や雑誌の記者が30人ぐらい来ていまして、この時は本当に「このまま逃げて帰りたいな」と思いましたよ（笑）。

関川 IFAC 会長時代もスピーチの原稿はご自身で考えられていたのでしょうか。

藤沼 IFAC にスピーチライターがいたので、そういった方に原稿を作成してもらうこともありましたが、しかし、自分の話す英語と合わない点が多く、自分でよく手直しをしていましたね。

須藤 IFAC 会長として取り組まれたことはどのようなことでしょうか。

藤沼 会長時代の私の最大の功績は会費を大幅に上げたことですね（笑）。
自分自身が TF 議長としてまとめた改革案を実行に移すには、スタッフの

増強などが不可欠でした。特に、2000年に国際会計基準が証券監督者国際機構（IOSCO）から承認されて、次は国際監査基準のIOSCO承認がテーマになっていました。監査基準の設定組織をIAPCから現在のIAASBに改組することに伴い、テクニカル・スタッフの増員などが必要でした。私が会長に就任した時のIFACのスタッフは10名程度しかいなかったのです。2年半後の退任時は30名程度になっていましたが、それでも不足していたと思います。

須藤　藤沼さんがIFACの会長だった期間にIFACの組織の性格も規模も大きく変わったのですね。会費の値上げに反対はなかったのでしょうか。

藤沼　一部の主要加盟団体が反対に回ったりして大変な局面もありました。実は、経費の抑制を狙って、当時のIFACの専務理事（Chief Executive）が、執行部との十分な相談なしにIFACの本部をニューヨークから物価の安いトロントに移すことを理事会に提案してきたこともありました。主要加盟団体と意見調整した上で、この提案を理事会で否決し、専務理事を解任することにしました。

関川　藤沼さんがIFAC会長在任中には、エンロン社、ワールドコム社の不正会計とその後の企業改革法（SOX法）の成立、アーサー・アンダーセンの崩壊と大きな事件が立て続けに起きましたね。

藤沼　そうですね。IFACを世界的な自主規制組織に変貌させることに一所懸命になっていたら、米国発の会計不正事件で自主規制から官規制に移行する動きが出てきて、両者のバランスをどのようにとるかの議論が始まりました。

須藤　IFAC副会長、会長時代は海外出張も多かったのでしょうか。

藤沼　ほぼ毎月、会長になってからは月に2回ということもありました。妻や子供たちにも迷惑をかけたと思います。

◆ 協会会長就任について

須藤　IFAC会長を退任した後、協会の会長に就任されるわけですが、この会長就任の経緯を教えてください。

藤沼　2002年の11月にIFAC会長を退任した後は、今まで迷惑をかけた分、監査法人の仕事に専念したいと考えていました。しかし、2003年の夏ごろに、同じ監査法人の高橋善一郎さんや、中央大学の先輩である川北　博さん、山

Episode 03

● 定期総会での一コマ

● 第4回CFOフォーラム・ジャパンでの講演

本秀夫さんなどの協会の元会長の方から、次期会長選挙に立候補してはどうかといった話をいただきました。

　IFACの会長を務めた自分が協会の会長になることはどうなのだろうかという思いもあり、私の次にIFAC会長に就任したRene Ricol氏に電話で相談したことを覚えています。彼は、フランスの2つの会計士団体の会長を経験した後にIFACの会長に就任した経歴を持っていました。彼の意見は、国の会計士協会の会長は、IFACのような国際組織とはまた違い、国の政策に影響を与えたり、協会の施策を立案して実行することが可能だからやった方がよいということでした。また、国内でも様々な方に相談した結果、最終的に会長選挙に立候補することに決めました。

関川　結果として、無投票での当選となりましたね。会長就任に当たってはどのような想いをお持ちだったのでしょうか。

藤沼　IFACの活動を始めてから、協会の組織体制や活動内容を近代的な形に見直していく必要があるのではないかという問題意識を持っていました。IFAC時代には多くの海外の会計士協会をみてきましたが、海外と比較して日本の協会は近代化が遅れていると感じていたのです。もし、私が協会の会長となるのであれば、本格的に改革を行いたいと考えていました。

◆ 中期行動指針について

関川　藤沼さんが2004年7月に会長に就任された当時、公認会計士監査への社会からの信頼が揺らいでいる最中であったと思います。

藤沼　日本国内の公認会計士を取り巻く環境は大きく変化していました。公認会計士監査に対して社会から厳しいご意見をいただいていた時期に、国際派

として活動をしてきた私が協会の会長に就任することを心配する人もいました。

関川　国内での活動経験が少ないという理由でしょうか。

藤沼　そのとおりです。ですので、会長に就任した後の半年間を協会会務の観察期間に当てました。その年の年末年始休暇中に、会長任期3年間の中期行動指針を策定して年初の役員会で議論してもらいました。

関川　この中期行動指針は、たしか、賀詞交歓パーティーで配付したのですよね。「監査実務の充実に向けて」、「公認会計士試験制度改革に向けて」、「国際会計・監査基準への統合化問題等に向けて」、「中小事務所等との連携強化及び業務支援に向けて」、「協会組織・機構の改革に向けて」の5項目でした。

藤沼　この中期行動指針で掲げた5項目を各年のどのタイミングで遂行していくのかを具体的に考えたとき、一番大きな問題となると考えていたのが、協会組織・機構の改革、すなわち、協会のガバナンス改革でした。会員の意見を聞き、議論を集約していくことに非常に時間がかかりますし、役員選出方法の変更を伴う場合は、私の退任1年前の定期総会で変更案の承認を得る必要がありました。そのため、1年目からやるべきことの頭出しを行ったわけです。

◆ 協会の組織・ガバナンス改革について

須藤　協会の組織・ガバナンス改革の中でとりわけ論議を呼んだのは、会長の選出方法の直接選挙方式から推薦委員会方式への転換であったと思います。この件については反対される方も多かったのでしょうか。

藤沼　会長の選出方法に関しては、とりわけ強硬な反対意見を持つ方がいましたが、それに限らず多くの項目で反対意見は多かったですね。しかし、論議を呼ぶと事前に予想していたので、早い段階から想定される議論については文書として公表して、会員の意見を聞くようにしていました。

関川　2005年の6月に「協会の組織・ガバナンス改革の今後の方向性について」、7月に「協会の組織・ガバナンス改革案」、12月に「協会組織ガバナンス改革大綱」を公表していますね。最終的には2006年7月の定期総会で改革案が承認されています。

Episode 03

● 研究大会での挨拶

● 記者会見での一コマ

藤沼 私も含め、当時の正副会長が一丸となって全ての地域会に出向き、会員への説明を行いました。組織・ガバナンス改革では、このほかに、役員選挙制度の見直し、執行と監視の分離、外部理事の登用、専務理事制や監事監査に加え、会計監査の導入などが行われました。

須藤 外部理事の登用など、現在、コーポレート・ガバナンスでいわれているものと似たような改革だったわけですね。

藤沼 総会に諮る改正案を審議する理事会では、一部の理事の希望を考慮して無記名投票を実施しました。賛成が過半数を大幅に超えて承認された時は、それまで反対意見が強かっただけに、大変感激したことを覚えています。

関川 綱紀審査会、不服審査会を改組して、協会の業務執行ラインから外したこともガバナンス改革の一環ですね。

藤沼 こちらの方の問題は、1年目の総会で先行して取り組みました。会員の身分に関する事項を理事会の審議事項から外すことに反対する方が多かったですね。当時の理事会のメンバーは70名を超えていて、一種の大衆裁判のような感じになることもあり、改革が必要だと感じていました。結果として、比較的少数から成る綱紀審査会と不服審査会を設置し、外部有識者を入れて結論を得る体制に変更しました。

◆ 公認会計士法改正の議論と自主規制の強化について

須藤 藤沼さんが会長在任中に西武鉄道の有価証券報告書虚偽記載問題やカネボウ、ライブドア等の粉飾事件等が発生し、その対応にも追われたと思います。

藤沼 中期行動指針では5つの項目を挙げたのですが、その後の一連の事件に

端を発して、公認会計士法の再改正が俎上に上がってきたので、法改正への対応を追加しました。

関川　上場会社監査事務所登録制度の導入はその一環なのでしょうか。

藤沼　そうです。詳細は異なりますが、この上場会社監査事務所登録制度は、IFACの会長時代にビッグ5との協議の過程で、IFACの自主規制機能を強化するための方策として描いていたものでした。しかし、エンロン、ワールドコム事件を契機に、世界的に官規制を強化する方向に移行してしまったために実現することが困難となってしまったものです。

関川　IFAC会長時代からそういったことを考えられていたのですね。藤沼さんが会長に就任する前年の2003年に公認会計士法の抜本改正が行われ、そういった官規制の強化の流れを受けて、日本でも公認会計士・監査審査会（CPAAOB）が発足しましたね。

藤沼　官規制というけれども、米国の公開会社会計監視委員会（PCAOB）や英国の財務報告評議会（FRC）は、形式的には民間組織で、会計士や弁護士といったスタッフを高給で雇っているのですよ。日本のCPAAOBは金融庁傘下の官の組織で、米国や英国と同じような運営をすることは難しく、監査の品質を担保するためには、自主規制である協会の品質管理レビューを強化しなくてはならないと考えました。そのための仕掛けとして、品質管理レビュー制度の中に上場会社監査事務所登録制度を組み込んだのです。協会は会員が監査を行う権利を取り上げることはできませんが、この登録制を厳格に運用して、品質管理に重大な欠陥のある監査事務所が上場会社の監査を行うことを実質的に防止することを狙っていました。

関川　2007年の公認会計士法の再改正では、監査法人への課徴金制度の導入と有限責任監査法人制度の導入、そして、大規模監査法人の筆頭業務執行社員のいわゆる5年―5年ルールの導入などが主たる内容でした。

藤沼　大規模監査法人の5年―5年ルールは、2003年の公認会計士法改正で導入された業務執行社員のローテーションの早期実施と併せて、協会の自主規制で先に実施したものです。これが後に法規制の対象になりましたが、このような形でどんどん先手を打って対応するように心がけていました。

関川　自主規制による5年―5年ルールは、2005年10月25日に会長声明「公認会計士監査の信頼の回復にむけて」で表明したものですね。同日にCPAAOB

67

が公表した「適正なディスクロージャーと厳正な会計監査の確保に向けた対応策について」でこのような内容のルール整備を要請されたことに対応したものだったのでしょうか。

藤沼 そうではありません。CPPAOBから要請されたから検討したわけではなく、当時カネボウ事件をきっかけに大きく揺らいでいた会計監査の信頼性の確保のために、自主規制機関として何ができるかを検討した結果です。協会がこのような自主規制強化を実施することに合わせて、CPAAOBが公表する文書にこのような内容を含めたのではないかと思っています。大規模監査法人の5年―5年ルールは、自主規制が2005年に先行し、結果的に、2007年の法改正に入れられたことからも明らかです。

関川 法改正の議論の過程では、監査法人に刑事罰を適用する、いわゆる両罰規定などの、もっと厳しい議論もありましたね。

藤沼 特に政治の世界では、そういった意見が強く出ていましたね。監査法人への刑事罰は市場の混乱につながりかねませんので、協会として導入に強く反対しました。このような厳しい議論が収まるところに収まったのは、ローテーション制度の強化や上場会社監査事務所登録制度の導入など、先手を打った対策が、特に政治家の方々には一定の評価をいただけたからではないかと思います。

関川 当時は、カネボウ事件を受けた中央青山監査法人の行政処分に端を発した監査難民という問題もありましたね。

藤沼 中央青山監査法人の行政処分の問題のほか、当時、新興企業の一連の不祥事で監査人がリスクを考えて監査を辞退する、監査人が見つからないという企業が「監査難民」といわれ、社会問題になっていました。経営再建中の大手企業が監査人を見つけられなかったため、その企業の役員の方が協会を訪問してきたこともありましたね。この時は、義侠心のある会員の方が、十分な事前審査の上、監査を引き受けてくれて事なきを得ました。

◆ 国会への参考人招致について

須藤 藤沼さんは、国会への参考人招致を何度も経験されたと聞いていますが、当時を振り返っての感想をお聞かせください。

藤沼　これらの不祥事事件や法律改正に関連して、国会には、10回、参考人として呼ばれました。前人未到の記録ではないでしょうか（笑）。

　国会の参考人招致のほか、自民党の企業会計小委員会にも何度も呼ばれたのですが、自民党本部に行くと、テレビや新聞の記者が詰めかけており、議員の方々から厳しい批判や罵声を浴びて大変な思いをしたことを覚えています。ただ、このような経験を経て議員の方々とは本音で話せる関係を築けたと思います。

関川　国会答弁にはすごくプレッシャーがあったのではないでしょうか。

藤沼　最初の1、2回はプレッシャーがありましたが、だんだんと慣れていきましたね。大変な経験ではありましたが、良いことも少しあって、実は、その後に日本取引所グループのCEOになる斉藤　惇さんと親しくなったのは国会招致がきっかけです。カネボウ問題で、斉藤さんは株式会社産業再生機構の社長として、私は協会の会長とし

●衆議院での答弁

て、いわば攻める側と守る側の立場で参考人招致されました。衆議院と参議院の両方で同じテーマで質議が行われたのですが、その合間にざっくばらんに話をしたことがきっかけで意気投合しました。

関川　斉藤さんは、この後お聞きする「藤沼塾」でも講師をされていますが、最初はそういうご縁だったのですね。

◆ ビジョン・ペーパーの公表について

須藤　藤沼さんは、会長としての任期が終了する前の2007年3月に「ビジョン・ペーパー」を作成し、公表されました。このペーパーでは、藤沼さんの会長在任中の経験を踏まえ、次代の協会会務の方向性が取りまとめられていますが、このペーパーを作成された経緯や思いを教えてください。

藤沼　自分の会長任期の中で様々な改革を行ってきましたが、会長退任後に、元に戻ってしまっては意味がないので、会務の継続性を担保するために、拘

束力はありませんが、ビジョン・ペーパーを策定し内外に公表しました。内容はオーソドックスですが、協会が将来こういった方向に向かった方がよいと思うことを記載しています。

関川　今回のインタビューをするに当たり、改めて読んでみましたが、現在にも通じる内容ですね。

◆ IFRS財団での活動について

関川　藤沼さんは、2005年2月にIFRS財団（当時の名称はIASC財団）のトラスティに就任され、2010年4月から2014年12月までは副議長を務められました。IFRS財団のトラスティとしての活動について何か思い出深い出来事がありましたら教えてください。

藤沼　監査法人トーマツのトップを務められた田近耕次さんの後を継ぎ、トラスティに就任しました。トラスティは20名ほどいますが、そのうち2名が日本人で、私が就任した時は、もう1名のトラスティは、富士銀行頭取などを務められた橋本徹さんでした。その後も経済界の方に継続して就任していただきました。就任に当たって、IASC財団のトラスティ議長であるPaul Volcker氏（元米国連銀理事会議長）のインタビューを受けたのですが、Volcker氏の英語は少し聞き取りづらいことを心配したDavid Tweedie卿（当時のIASB議長）が、このインタビューに同席して助けてくれました。トラスティの任期は3年で2期までが原則なのですが、その後、副議長に就任したこともあり、結局、10年近く務めることになりました。

関川　副議長の時に、たしか当時の議長の方が急死されたことがありましたね。

藤沼　当時、議長だったTommaso Padoa-Schioppa氏は、イタリアの元経済財政大臣だった方で、在任中の2010年12月に急死されて、当時、私と一緒に副議長を務めていたRobert Glauber氏（米国財務省元次官）と共同議長代行として、当面の対応と後任の選定に当たりました。フランスの金融市場庁（AMF）の元委員長のMichel Prada氏を新議長に選ぶことができたのは不幸中の幸いでした。実は、彼とはIFAC会長の時から縁があって、IFACの最初の年次総会で特別講演をしてもらっているのです。2001年9月の同時多発テロの直後の11月に米国のマイアミ開催ということで、各国の会員も含め無事に来てい

ただけるかを心配したことを覚えています。

関川　先ほどのDavid Tweedie卿の件といい、いろいろなところで人脈がつながっているのですね。

藤沼　IFRS財団のトラスティに会計士は少なく、規制当局のOBや投資家、企業経営者などの様々な経歴を持つ方々で構成されています。そういう各界の一流の方と交流できたことは、貴重な経験でもありました。

◆ 公認会計士制度50周年記念式典について

須藤　藤沼さんが公認会計士登録をされてから今日まで、公私問わず、印象深かった出来事を教えてください。

藤沼　公認会計士制度50周年の記念式典を1998年10月に東京国際フォーラムで開催したのですが、この式典に天皇皇后両陛下（現上皇、上皇后）をお招きしたことが思い出されます。当時、私は、IFACの副会長で、協会の理事という立場で式典に参加していました。両陛下は、式典の壇上に来賓として登壇される方に事前にお会いされることから、当時のIFAC会長であったFrank Harding氏を控室にお連れしました。Harding氏のほかに、来賓であった小渕恵三内閣総理大臣や宮澤喜一大蔵大臣、青島幸男東京都知事も控室に来られ、そこで皆様と歓談した後に1人ずつ両陛下とお話をされたのです。Harding氏は最後に両陛下とお話をされたのですが、とても感激していましたね。私は両陛下とお話はできなかったのですが、式典のステージ裏を、私も両陛下の後に従って歩きました。両陛下が途中にお会いする多くの人々に対して丁寧に会釈をされている姿に驚きを覚えました。私は、皇室とはあまりご縁がないのですが、両陛下とこういった形でお会いできたことは貴重な経験であったと思っています。

◆ 藤沼塾について

須藤　藤沼さんは、「藤沼塾」を設立し、後進の育成に力を注いでいらっしゃいますね。こういった活動を始められた思いをお聞かせください。

藤沼　この活動を始めた背景には、公認会計士試験受験者の激減が心配になっ

たこと、また、過重労働で将来展望がなくなったのか、若手会計士の監査法人退職者が増加していることなども挙げられます。こういった状況を踏まえ、公認会計士業界を元気づけるようなことをやりたいと思ったのです。「藤沼塾」と冠しておりますが、私だけが教えるのではなく、関係する業界の中からトップと思われる講師をお招きし、講義いただいた後に、その内容について参加者がディスカッションを行います。若手の公認会計士が、講師や仲間との討議を通じて視野を広げ成長するのを後押しするような感じですね。「藤沼塾」の第1期は終了しており、第2期も2018年の8月末に終了する予定です。

須藤　「藤沼塾」には、何歳ぐらいの方が参加されているのでしょうか。

藤沼　30代から40代の方が多いですね。第2期は女性の方が多くなっています。この「藤沼塾」の開催に当たっては青山学院大学の八田進二名誉教授にご助力いただいています。また、2018年1月に、八田先生の協力を得て、「藤沼塾」の講演録を出版するに至りました。

須藤　第3期は開催されないのですか。

藤沼　そういう要望もあるのですが、個人的な負担も重いので、慎重に検討をしているところです。いずれにしろ、国際人材を含め、後進育成は公認会計士業界の重要課題ですね。公認会計士に求められるものも時代の変化に応じて変わってきていますので、公認会計士試験制度の見直しも喫緊の課題だと思っています。

◆ 公認会計士業界へのエール

須藤　本年（2018年）の7月6日で公認会計士制度が70周年を迎えることとなります。公認会計士業界に向けてアドバイスやエールをいただけますでしょうか。

藤沼　米国でSOX法が2002年に成立し、PCAOBが設置されて以来、世界的に会計士の自主規制を縮小し、官規制を強化するという流れが加速しています。IFAC会長や日本の協会会長の経験もありますので、官規制と自主規制をどのようにバランスをとるべきなのか、会計プロフェッションのレベル・アップに向けてどのようなことが必要なのか、自分の中でライフワークのように考え続けています。このような状況を踏まえると、協会には、社会の動向を

推察し、先手を打って積極的に公益保護のためのアクションをとっていただきたいと思います。自主規制の弱いプロフェッションは社会からの信頼を得ることは難しく、弱体化していくように感じています。

　また、最近の大型会計不正には衝撃を受け、会計不正が引き続き繰り返されることに真剣に悩んでいます。私的なことになりますが、私は、2018年の6月に日本公認不正検査士協会（ACFE JAPAN）の理事長に就任しました。日本では公認不正検査士（CFE）資格者は1,200人、会員は1,800人程度と小規模ですが、全世界には86,000人のCFEの会員がいます。実は、ACFE JAPANの理事長に就任したこともあり、私も、ACFE資格取得を目指し、久し振りに受験勉強をしましたが、無事に合格しました。

須藤　70歳を超えて新たなチャレンジをされるのは素晴らしいことですね。

藤沼　私は、協会会長を退任した後、長く社外役員として企業のガバナンスにかかわってきて、また、協会の社外役員ネットワークのお手伝いもしていますが、その経験からCFEの視点は、不正の兆候を発見し抑止する観点で非常に有用であると感じています。海外では、名刺にCPAの資格のほかにCFEなどの資格を記載している方が多い。公認会計士の皆さんも、CFEに限らず、将来に向けて、新しい能力開発に取り組んでいただきたいと思います。

須藤　本日はお忙しい中、ありがとうございました。今後、ますますのご活躍を期待しております。

藤沼　こちらこそありがとうございました。

海外会計事務所の日本進出と日本の監査法人との提携の変遷

　海外の会計事務所の日本進出の嚆矢は、1949年のロウ・ビンガム・アンド・トムソンズ事務所[1]とされている。その後、1954年にピート・マーイック・ミッチェル（PMM）、デロイト・ハスキンズ・アンド・セルズ（DHS）が進出し、1960年代半ばには、ビッグ8の全てが日本に拠点を構えていた。これらの事務所は、当初は米国などの外国企業の日本子会社、日本支店等へのサービスやロイヤリティ監査[2]を提供していた。1960年代になると、高度成長期の日本の大手企業の一部は、その旺盛な資金需要を満たすために、低金利でかつ資金の潤沢な米国資本市場からの資金調達、すなわち、米国預託証券（ADR）や外債による資金調達を行うようになった[3]。いずれの資金調達方法とも米国証券取引委員会（SEC）への届出と審査が必要であり、米国会計基準に基づく連結財務諸表の作成と米国監査基準に基づく監査が必要とされた。当時の日本の公認会計士の国際的なレピュテーションが低く、アンダーライターが米国ビッグ8による関与を強く要求したことなどから、このよう

表1：ビッグ8の日本拠点設立とその後

ビッグ8の名称	日本進出時期	法人化又は日本の監査法人への統合年月	顛末
プライス・ウォーターハウス（PW）	1949年	1983年6月	青山監査法人設立
アーサー・アンダーセン[4]（AA）	1962年	1984年6月	英和監査法人設立
		1987年10月	井上斎藤監査法人と合併して井上斎藤英和監査法人に
デロイト・ハスキンズ・アンド・セルズ（DHS）[5]	1954年	1985年6月	監査法人三田会計社設立
ピート・マーウィック・ミッチェル（PMM）	1954年	1985年8月	港監査法人設立
		1990年7月	センチュリー監査法人と合併（合併後名称：センチュリー監査法人）
トウシュ・ロス[6]（TR）	1964年	1976年	等松・青木監査法人と統合
アーンスト・アンド・ウィニー[7]（EW）	1964年	1984年7月	監査法人太田哲三事務所と統合
クーパーズ・アンド・ライブランド[8]（CL）	1964年	1984年7月	監査法人中央会計事務所と統合
アーサー・ヤング（AY）	1963年	1986年5月	監査法人朝日新和会計社と統合

な業務はもっぱらビッグ8系の会計事務所、特に日本進出が早かったPW、PMM、DHSの3事務所などが担うことになった。1962年から1964年にかけて、後発のビッグ8が日本拠点を設立する背景には、このような日本企業の海外資金調達に伴う米国式監査の需要の増大があった。

なお、国際会計事務所としてのビッグ8の多くは、英国と米国の双方にルーツを持ち、両国事務所の提携又は国際合併に由来する。ビッグ8の日本進出は、日本と米国の経済的結びつきの強さから、ビッグ8の米国事務所の日本進出の形を採ることが多かった。

ビッグ8の日本への直接進出の他に、ビッグ8と日本の監査法人が提携することも行われ、例えば、1968年には等松・青木監査法人とトウシュ・ロス、1973年には監査法人朝日会計社とアーサー・ヤング、1974年には監査法人中央会計事務所とクーパーズ・アンド・ライブランドの提携が行われた。このような外国の会計事務所との提携は、現在の国際提携関係とは異なり、顧客を紹介しあうといった比較的緩やかなものであり、複数の外国事務所と提携する例も初期の段階では数多く見られた[9]。その後、ビッグ8がメンバー事務所を1か国1事務所に限定する国際組織を形成する方針を採り、提携関係がマニュアルや情報システム基盤の共通化など深化するにつれ、提携関係は原則として1対1の関係に整理されていくこととなった[10]。また、TR、CL、EY、AYの例にみられるように、特に日本進出が後発のビッグ8の日本事務所が、提携先の日本の監査法人と統合するケースも見られた。

一方、1966年の公認会計士法改正により、監査法人の設立が可能となったが、外国系事務所による監査法人の設立は、JICPAに根強い反対意見があったこともあり、大蔵省のいわゆる「行政指導」によって長らく認められてこなかったとされている。その後、日本経済の国際化とともに会計・監査業務の急速な国際化が迫られ、日本の監査法人もビッグ8との提携を行うなど、ビッグ8系とそれ以外の公認会計士の交流も深まることになった。その結果、外国系事務所に対する警戒感も弱まり、1980年代半ばにPW、AA、DHS、PMMの4事務所が監査法人化することになった。

1980年代後半から、大規模化による競争力の強化を狙って、ビッグ8間の合併が模索されるようになった。その嚆矢は、欧州各国の有力会計事務所と米国のメイン・ラフレンツなどが形成した世界的には第9位規模の会計事務所組織[11]、クラインベルド・メイン・ゲーデラー（KMG）とPMMの合併である。その後のビッグ8間の合併と日本への影響を示すと表2のとおりである。

2000年4月に太田昭和監査法人とセンチュリー監査法人が合併し、太田昭和センチュリー監査法人が誕生すると、同法人は、EYとKPMGの双方との提携関係を維

75

Column

表2：ビッグ8からビッグ5へ－国際大規模会計事務所の合併－

年月	内容	日本への影響
1989年1月	PMMとKMGが合併し、クラインベルド・ピート・マーウィック・ゲーデラー（KPMG）に	特にないと思われる。但し、ほぼ、同時期（1990年7月）にセンチュリー監査法人と監査法人港会計社が合併
1989年7月	DHSとTRが合併し、デロイト・ロス・トーマツ（DRT）[12]に	リンワ・等松青木監査法人と監査法人三田会計社が合併（1990年2月）し、監査法人トーマツに名称変更
1989年10月	EWとAYが合併し、アーンスト・アンド・ヤング（EY）に	EYの提携先が太田昭和監査法人と監査法人朝日新和会計社の2つに分かれる結果に[13]
1998年7月	PWとCLが合併し、プライスウォーターハウスクーパーズ（PwC）に	中央監査法人と青山監査法人が合併（2000年4月）して中央青山監査法人に

持することになった[14]。一方、2002年にエンロン事件などの大型粉飾会計事件により、米国アーサー・アンダーセンが崩壊すると、朝日監査法人は国際提携先を失う結果となった。新日本監査法人（2001年7月に太田昭和センチュリー監査法人から名称変更）がKPMGとの提携関係を解消し、同法人の一部が実質的に分離する形で2003年2月にKPMGを提携先とする（旧）あずさ監査法人が設立し、2003年4月に朝日監査法人がKPMGと提携を開始し、2004年1月に（旧）あずさ監査法人と朝日監査法人が合併（存続法人である朝日監査法人が「あずさ監査法人」に名称変更）した。これにより、日本の4大監査法人と国際的ビッグ4が1対1で提携[15]（日本の4大監査法人がビッグ4の国際組織に加盟）する形が形成された。

　なお、長い間、JICPAの倫理規則及び監査法人の名称に関する取扱要領により、外国会計事務所の名称を日本の監査法人の名称とすることが認められていなかったが、2015年5月に監査法人の名称に関する取扱要領が改正され、「倫理規則に定めるネットワーク・ファーム関係にある監査法人が、当該外国事務所の承諾を得て、その名称の一部に、当該外国事務所の名称又は略称を使用する」ことが認められることになった。2019年8月末現在、「PwCあらた有限責任監査法人」、「PwC京都監査法人」、「EY新日本有限責任監査法人」などいくつかの監査法人が外国事務所の名称を監査法人名の一部としている。

世界会計士会議と国際会計士連盟の歴史

　会計士が国境を越えて、国際的に交流し、協力する機運はどのように形成されたのだろうか。その源流は、1904年9月26日から3日間、米国セントルイスで開催された第1回の世界会計士会議（WCOA）に遡ることができる。第1回会議の名称は、会計士会議（Congress of Accountants）であり、米国外の参加者は英国（2人）、カナダ（6人）、オランダ（1人）に留まるなど、米国各州で当時勃興しつつあった職業会計士の全米会議に外国の会計士を招待して開催した色彩が強かったと思われる。オランダからの唯一の参加者であるヴァン・ディーン氏は、会議に正式に招待されてはおらず、自分の判断で参加している。このヴァン・ディーン氏が中心となり、第一次世界大戦後の1926年に第2回アムステルダム会議[16]が開催されることになる。この第2回会議から、各国代表者会議が開催されることになり、この代表者会議での議論が、後に会計士による国際組織の設立の議論に繋がっていくことになる。WCOAは、その後、1929年（ニューヨーク）[17]、1933年（ロンドン）、1938年（ベルリン）で開催され、1952年の第6回会議（ロンドン）から5年毎の開催[18]となった。

　国際的な基準の設定等のための国際的な委員会を設置するアイデアが最初に提起されたのは、1962年に開催された第8回会議（ニューヨーク）[19]における代表者会議でのことだった。その背景として、企業の活動の国際化に伴い会計基準や監査基準を国際的に調和化することの必要性が会計士の間で強く認識され始めたことがある。第9回会議（1967年パリ）での代表者会議において、このような国際的組織を設置することの可能性を探求する国際業務運営会議（IWP）[20]の設置が決まった。IWPは1969年に中間報告を世界各国の120の会計士団体に送付し、その意見を踏まえて1971年12月に最終報告書をまとめた。第10回会議（1972年シドニー）での代表者会議において、IWPの最終報告書が承認され、それに基づき、IWPの役割を拡大・強化した会計職業国際協調委員会（ICCAP）の結成が決定された。JICPAもICCAPのメンバーとなり、IFACの結成の議論に積極的に係っていくことになった[21]。

　ICCAPは、1976年3月に国際会計士連盟（IFAC）の設立を提案した「中間報告書」を各国に送付し、回答を寄せた大多数の国は、IFACのメンバーになることに同意した。1977年の第11回会議（ミュンヘン）での代表者会議でICCAPの最終報告書が承認され、IFACが結成されることになった[22]。

　なお、国際会計基準を設定する国際会計基準委員会（International Accounting Standards Committee; IASC）は、IFAC結成に先立つ1973年に結成されている[23]。

Column

1972年のシドニー会議の際に米国、英国、カナダの3カ国の代表が会合したことが、その直接的なきっかけとなっている。1982年にIASCとIFACは合意を結び、IFACの加盟団体が自動的にIASCの加盟団体となり、各国会計士団体がIFACを通じてIASCを財政的に支援する仕組みを構築した[24]。

IFACの会長は、初代のラインハルト・ゲルデラー博士[25]（西独）から現在の朱仁基氏（韓国）まで19人が務めている[26]。2000年から2002年にかけて第10代会長を藤沼元会長が務められたのは、同氏へのインタビューにあるとおりである。

IFACの40年以上の歴史の中で、最大の変化は、藤沼氏がIFAC会長として主導した一連のIFAC改革であろう。IFACは、設立当初から、監査、倫理、教育に関する国際基準を設定する委員会[27]を構築し、監査基準等の国際的調和をその主目的としてきたが、今日のように国際監査基準、国際倫理基準などが世界中の国で採用され、幅広く利用される基盤はこの時に形成されたといっても過言ではない。

現在、証券監督者国際機構などの規制当局からなるIFACのモニタリング・グループが、監査・倫理基準の設定プロセスにおける会計士の「過度」の影響を縮小させることを主張し、基準設定主体をIFACから独立させる提案を行っている[28]。国際基準の設定がIFACから切り離されることになるか否かは、今後の議論に委ねられるが、仮にIFACが国際基準設定から切り離されることになった場合には、IFACの存在意義などの抜本的な見直しが必要となることは間違いないであろう。

WCOAとIFACの歴史を概観すると、WCOAは、IFAC設立までは、世界中の会計士の代表による様々な問題を議論するためのまさに「会議（Congress）」であったと言えよう。1977年にIFACが設立されたことにより、このような「会議」としての性格は、IFAC理事会やIFAC傘下の各委員会等へ徐々に移行し、WCOAは世界から代表者が集まるCongressから、Conferenceとしての性格を強めることになっていった。それでも、21世紀の初頭までは、国際基準設定主体の活動や各国での会計士を巡る様々な課題は、このような国際会議に出席しないと情報を得ることが難しい面があった。しかし、近年のインターネットの普及により、国際的な最新情報に触れることに関するWCOAの意義は薄れてきている。WCOAが今後、何を目的とした会議になっていくか大きな岐路に立たされているように感じる。

なお、IFACの事務局は設立当初、2名のスタッフでニューヨークにある米国公認会計士協会のオフィスに間借りする形でスタートしたが、2018年現在、約80名のスタッフを抱える組織となっている。IFAC事務局を率いるCEO（1999年までは「専務理事（Director General）」と呼称）は、初代のロバート・センピア氏から、現在のケビン・ダンシー氏で6人目となる。IFACはセンピア氏の功績を称え、会計

職業の国際的発展に尽くした人に授与するセンピア賞を1991年に創設している。2017年にセンピア賞は、他の褒章制度と統合され、IFACグローバル・リーダーシップ賞と改称され、2019年11月に同賞を日本人としては初めて、藤沼氏が受賞した。

脚注

1）香港に拠点を置く米国系の会計事務所。1962年にPWが同事務所を吸収合併したことにより、PWの日本事務所となった。日本に進出した外資系会計事務所として最大規模であり、1960年頃までは、日本に未進出の他の会計事務所は、日本に進出している米国企業の子会社・支店の監査業務については、同事務所に委託するケースが多かった。（『朝日監査法人25年史』261ページ）

2）1950年代後半以降の高度成長期の日本企業は、外国企業から技術導入するケースが多く、特許権使用料（ロイヤリティ）等の支払いが行われた。このロイヤリティが技術導入側の企業（この場合は日本企業）において、契約通りに算定されているかを技術供与側の企業（この場合、米国企業など）の視点から確認する手続。

3）日本企業によるADR発行第1号は1961年の（株）ソニーによるものである。

4）アーサー・アンダーセンの日本事務所の開設に当たっては、JICPAの会員・準会員に対して開設メンバーの募集が行われた。米国での2年間の研修機会が与えられるという募集内容に魅力を感じた公認会計士、会計士補の応募が多数あり、この中から選抜された5名（公認会計士1名、会計士補4名）と別途著名会計学者の推薦による学生2名の計7名（「アンダーセン・セブン・ボーイズ」と呼ばれた）が、米国での2年間の研修を終え、1962年7月に、米国人所長とこの7名で日本事務所が設立された（『朝日監査法人25年史』261−262ページから要約）。山本元会長のインタビュー記事に出てくる白鳥栄一氏（元国際会計基準委員会議長）は、このアンダーセン・セブン・ボーイズの一人である。

5）米国ハスキンズ・アンド・セルズの日本事務所として創設。1970年にDHSが統一名称を全世界で使用することに伴い名称をDHSに変更。

6）トウシュ・ロス・ベイリー・アンド・スマートの日本事務所として設立。

7）米国アーンスト・アンド・アーンストの日本事務所として設立。1979年に国際合併によりEWが成立するとともに、EWに名称変更。

8）米国ライブランド・ロス・ブラザーズ・アンド・モントゴメリーの日本事務所として設立。1973年以後、CLが全世界的に名称を統一することに伴い名称をCLに変更。

9）例えば、等松・青木監査法人は、アレキサンダー・グラント、メイン・ラフレンツ、ハードン・クラストンなどとも非排他的な提携関係を有していた。（『トーマツ30年史』74ページ）

10）1985年の監査法人太田哲三事務所（EWと提携）と昭和監査法人（PMMと提携）の合併にあたり、日本側からの強い要請もあり、合併後の法人の太田昭和監査法人がEWとPMM双方と提携関係を維持してきた例外もある。

11）1979年9月結成。これにより、国際的にはビッグ9と称されることもあった。

12）1992年6月に国際グループの名称をデロイト・トウシュ・トーマツ（DTT）に変更。なお、現在も正式な国際グループ名はDTTであるものの、ブランド名としては"Deloitte"（デロイト）を使用。

13）その後、監査法人朝日新和会計社は、提携先をEYからAAに変更することに決定し、1993年5月にEYインターナショナルを脱退し、EYと関係の深い国際部の人員の大半は太田昭和監査法人に移った。監査法人朝日新和会計社は、1993年7月にAAの国際組織に加盟し、1993年10月に従前か

79

Column

らAAの国際組織のメンバーであった井上斎藤英和監査法人と合併し、名称を朝日監査法人に変更した。

14) 1997年10月にEYとKPMGが合併を発表し、それが両者の提携先である太田昭和監査法人とセンチュリー監査法人の合併交渉を加速した面があった。しかし、EYとKPMGの合併交渉は不成立に終わり、1998年2月に交渉打ち切りが発表された。日本の両監査法人の合併交渉も国際的合併の不成立により一旦は、交渉打ち切りを余儀なくされたが、1999年9月に合併交渉を再開し、2000年4月の合併成立につなげた。その背景には、1999年になって、大手金融機関を含む日本の大企業の合併・買収が相次ぎ、被監査会社との関係維持に対する危機感が高まったことや、バブル崩壊の過程で日本の会計・監査制度に対する国際的な批判が高まり、合併による監査法人の体質強化の必要性が認識されたことが挙げられる。(『太田昭和監査法人史』368−375ページから要約)

15) 2006年6月に中央青山監査法人の一部が実質的に分離する形で、あらた監査法人(現、PwCあらた有限責任監査法人)が設立され、2007年7月のみすず監査法人(2006年9月に中央青山監査法人から名称変更)の解散に伴い、同法人の京都事務所を中心に2007年3月に京都監査法人(現、PwC京都監査法人)が設立された。現在、PwCは、この2つの監査法人と提携関係(両法人がPwCのメンバー・ファーム)にある。

16) 第2回会議の名称は、「国際会計士会議(The International Accountants Congress)」であった。初期の段階では、会議の名称は会議毎に異なっており、「会計士(Accountants)」ではなく「会計(Accounting)」の会議との呼称が用いられたこともある。現在の世界会計士会議の名称、World Congress of Accountants(WCOA)が使われるようになったのは、東京で開催された第13回大会からである。

17) (社)日本計理士協会に案内状が寄せられ、日本から初めて3名が参加した(2年前の1927年に計理士法が制定されている)。なお、この会議の1か月後にブラック・サーズデーが起こり、世界大恐慌に突入する。

18) 2002年以降は4年毎の開催となっている。

19) 第8回会議から会議の前後に国際会計教育会議(International Conference on Accounting Education)がWCOAの開催地と同一国で開催されることになった。

20) IWPは、これまでのWCOAの開催国を中心に米国、英国、オランダ、フランス、オーストラリアで構成され、途中からインドとメキシコが加わった。

21) ICCAPの構成国は当初、米国、英国、オランダ、フランス、オーストラリア、カナダ、西ドイツ、インド、メキシコ、フィリピンの10か国であった。シドニーでの代表者会議の席上、日本の代表の尾澤修治氏(1972年当時、JICPA副会長、1977年〜1979年会長)が日本のICCAPへの参加を強く求め、1973年4月の第1回ICCAP会合で満場一致で日本の加入が認められた。ICCAPのメンバー11カ国は、その後に結成されたIFACの理事国にそのまま移行していることを考えると、ICCAPへの加入は、JICPAの国際活動における重要なターニング・ポイントであった。

22) IFAC結成当初の加盟団体は、51カ国、63団体である。2019年8月末現在の加盟団体は、130カ国、175団体以上に拡大している。

23) 米国、英国、カナダ、オーストラリア、フランス、西ドイツ、オランダ、メキシコ、日本の9カ国の会計士団体により結成された。

24) このようなIFACとIASCの「兄弟関係」は、2000年にIASCがIASBに抜本的に改組されるまで継続した。

25) ビッグ4の一つであるKPMGの"G"は彼の氏のGoerdelerに由来する。

26) IFAC会長の任期は第10代の藤沼氏までは2年半、その後は2年となっている。

27) 公会計基準を設定する国際公会計基準審議会の前身である公会計委員会は、1986年に創設されている。

28) 会計・監査ジャーナル2018年9月号「国際的な監査関連基準設定審議会のガバナンス改革について」を参照。

Episode 04

日本公認会計士協会 相談役
増田宏一 氏

■ インタビュアー

機関誌編集委員会 委員
倉重栄治 氏

日本公認会計士協会 主任研究員
関川　正 氏

Episode 04

> 今後、公認会計士業界が発展していくためには、人材の確保が非常に重要であると感じています。

在任中の出来事

		会計・監査に関連する事象	世 相
2007年		8月 ・ASBJとIASBがコンバージェンスの加速化で合意（東京合意） 10月 ・第17回アジア・太平洋会計士会議（CAPA大阪大会）開催	9月 ・安倍首相突然の辞任、福田内閣発足 ■今年の漢字第1位「偽」：身近な食品から政界、スポーツ選手にまで「偽」が発覚した年
2008年		4月 ・「内部統制報告・監査制度」、「四半期報告制度」開始 6月 ・NHK土曜ドラマ「監査法人」放映開始 11月 ・公認会計士試験合格発表（過去最高の合格者） 　　　　―公認会計士試験合格者の「未就職問題」発生	6月 ・居酒屋タクシー問題で中央省庁関係者が大量処分 8月 ・第29回オリンピック競技大会（北京）開催 9月 ・福田首相突然の辞任、麻生内閣発足 　　　・リーマン・ショック発生 ■今年の漢字第1位「変」：政界に起こった変化や世界的な金融情勢の変動、気候異変など変化を感じた年
2009年		9月 ・金融庁・公認会計士・監査審査会・本会の連名で、「公認会計士試験合格者と公認会計士の活動領域の拡大に向けて」発表 7月 ・「一般財団法人会計教育研修機構」設立 12月 ・金融庁「公認会計士制度に関する懇談会」設置	8月 ・裁判員制度による裁判開始 9月 ・民主党政権（鳩山内閣）発足 ■今年の漢字第1位「新」：政権交代や裁判員制度など、さまざまな「新しいこと」に期待した年
2010年		1月 ・日本航空が経営破綻 6月 ・政府「新成長戦略」に「四半期報告の大幅簡素化」を盛り込む	2月 ・第21回オリンピック冬季競技大会（バンクーバー）開催 　　　・南米チリで地震発生（M8.8） 6月 ・小惑星探査機「はやぶさ」7年振りに地球へ帰還 　　　・菅内閣発足

●年表内の「今年の漢字Ⓡ」は（公財）日本漢字能力検定協会の登録商標です。

会務に携わるキッカケ

倉重 　増田さんは、協会の会長となる前に、東京会の幹事や協会本部の常務理事・副会長を歴任されました。まず、東京会での会務についておうかがいできますでしょうか。

増田 　私が、会務に初めて触れたのは、東京会の経営委員会の活動でした。当時、コンサルティング業務の勉強や人脈作りをしたいと考えて参加させてもらい、最終的には副委員長や委員長も務めました。また、その間、並行して本部の研修・出版委員会や経営委員会の活動にも携わっていました。その後、これまでの委員会活動のご縁もあって、東京会の常任幹事に就任したのです。

関川 　東京会の幹事を1期務められた後に、1995年から本部の常務理事になられたのですね。

増田 　本部の役員になる前に、東京会で常任幹事を務めたことはとてもよい経験となりました。当時、本部の常務理事には地域会の役員を経験したことがある人が少なかったので、本部と地域会との連携の促進等に、この経験を活かせたと感じています。

倉重 　本部の常務理事として、どのような業務を担当されたのでしょうか。

増田 　高橋善一郎会長時代に後進育成を、中地　宏会長時代に品質管理を担当し、継続的専門研修（CPE）制度の導入や品質管理レビュー制度の導入に携わりました。これらの制度は、先人のご苦労の上に成り立っているものですが、やはり自分が担当役員としてその導入に携われたことは、大変ではありましたが、非常にやりがいがあったと感じています。

CPE制度、品質管理レビュー制度導入に携わって

倉重 　ある種、生みの苦しみといったこともあったかと思いますが、両制度とも、今も脈々と受け継がれ実行されていますね。これらの制度導入に当たっては、会員からの反発もあったのでしょうか。

増田 　様々な反発がありましたね。例えば、CPE制度導入の際は、「そんなことをいわれなくても私はしっかりと勉強をしている」といったご意見を多くいただきました。研修を全会員に強制する訳ですから、制度の導入は一筋縄

Episode 04

● 第18回日本公認会計士協会研究大会の懇親会での一コマ。当時会長だった山本秀夫先生と談笑。

ではいかないものでした。監査や会計の業務を遂行するためには、最新の知識の習得が必要不可欠です。公認会計士は社会のインフラとしての役割を担っている以上、最新知識の習得を制度として担保していくことが必要であったわけです。

　また、品質管理レビュー制度は、監査業務の適切な質的水準の維持・向上を図り、監査に対する社会的信頼を維持・確保することを目的として、導入を決定したわけですが、反発も大きかったですね。

倉重　会員の皆様の理解はどのように取り付けていったのでしょうか。

増田　公認会計士は、非常にまじめな方が多く、会計や監査の業務のレベルを高めていくことに抵抗がないのです。ですから、各制度の趣旨を懇切丁寧に説明し、ご理解いただくことに力を注ぎました。もちろん、最後まで反対される方もいらっしゃいましたが、多くの方々から「制度導入が必要だ」、「よい制度であると思う」といっていただきました。

◆ 香港での世界会計士会議に団長として参加して

関川　その後、副会長を2期務められました。

増田　奥山章雄会長時代は総務を担当しましたが、当時、業務を担当されていた副会長の方が体調を崩されたこともあり、業務の仕事も一部担当していました。2002年11月に香港で世界会計士会議が開催された際に、団長として参加したことを印象深く記憶しています。当時、中国の首相だった朱　鎔基さんが来られて、「中国は会計職業の発展を重視していく」といったスピーチをされました。当時、中国は国家会計学院という大がかりな研修施設を、北京、上海、厦門に作っていて、私は北京に視察に行きましたけど会計職業の発展を重視するという中国の本気度がわかり、日本もうかうかしていられないと思いました。

◆ 日本公認会計士政治連盟での活動について

倉重 増田さんは、副会長時代から日本公認会計士政治連盟（以下「政治連盟」といいます。）の活動にも深く関与されていたとうかがっています。

増田 奥山会長時代に、私は、政治連盟の幹事長を務めていました。奥山会長の最後の年に公認会計士・監査審査会（CPAAOB）ができて、奥山会長が委員に就任することになったのです。CPAAOBの委員は特別職の国家公務員でもあり、政治活動に制約があることから、政治連盟の会長を退任されたので、私が政治連盟の会長を兼務することになったのです。その後の藤沼亜起会長もCPAAOBの委員に就任したので、私がそのまま政治連盟の会長を続けました。そして、私が会長に就任した時には、協会会長がCPAAOBの委員になる慣行がなくなったので、そのまま政治連盟の会長を続けることとなったのです。

関川 奥山会長時代に1年、藤沼会長、増田会長時代にそれぞれ3年ですから、足掛け7年間、政治連盟の会長を務められたのですね。

増田 本当に長く担当しましたね。いろいろと苦労はありましたが、様々な政治家の方と信頼関係を築けたことは本当によかったと思っています。政治連盟は資金が潤沢ではなく、選挙で協力できる票もそれほど多くないわけですから、我々の主張に耳を傾けていただくためには、政治家の方々との人間関係が重要となってくるわけです。まめに政治家を訪問し、顔を突き合わせてのコミュニケーションを行うことによって人間関係が出来上ってくるわけですが、そういったことは、短い任期の中ではなかなか難しいですよね。長く政治連盟の会長を務めたからこそ、多くの政治家の方と信頼関係を築けたのだと思います。

関川 政治連盟の会長として、ご苦労されたことなど、差し支えない範囲で教えていただけますか。

増田 様々な政治家の方と関係を築く中で、政治家の方々の公認会計士制度への理解度が格段に上がった反面、厳しいご指摘を受けることもありましたね。ただ、制度をしっかりと理解していただいているからこそ、協会の主張を前向きにとらえていただけることが多く、関係を築いてきてよかったと感じています。

Episode | 04

◆ 内部統制報告制度の導入について

関川　藤沼会長の下では、業務─会計監査担当の副会長を務められました。

増田　この時、一番強く印象に残っているのは、西武鉄道事件をきっかけに内部統制報告・監査制度の導入ですね。当時、証券取引法上のディスクロージャーをめぐって不適切な事例が相次いで判明したことを受けて、金融庁がその対応策の一環として、2004年の11月に、全ての開示会社（4,543社）に対して、有価証券報告書等の記載事項について自主点検を行い、記載内容に誤りがある場合には訂正報告書を提出するように求めました。協会は、証券市場の信頼性を維持・向上させるため、東京証券取引所との共同プロジェクトを立ち上げ、その検討作業の一環として、独自に訂正報告書の訂正内容の集計・分析を行ったのです。その結果、2005年の1月末までに訂正報告書を提出している会社数が652社、総訂正件数は1,330件に及んでいたのです。多くは会計情報とは直接関係のない記載ミスの訂正でしたが、中には会計情報に直接関係のある訂正も含まれていました。当時、この結果に衝撃と危機感を覚えたことを記憶しています。こういった結果が、内部統制報告・監査制度導入の後押しになったといっても過言ではありません。

関川　当時の不適切事例で話題に挙がっていた、大株主の状況の虚偽記載だけの話ではなくなってきたということですね。

増田　私は、従来から会社の内部統制が監査の前提であると考えていましたが、当時は、監査人が内部統制のチェックにかける時間は非常に短く、内部統制の重要性も十分理解されていなかったと感じています。しかし、多くの会社が有価証券報告書の訂正をするに至って、内部統制の重要性がはっきりと認識されたのだと感じています。協会として、財務報告に係る内部統制の報告・監査制度の必要性を強く主張し、その主張を企業をはじめとする関係者の方々にも理解いただき、制度化が実現したわけです。

◆ 協会会長への就任に当たって

倉重　その後、2007年7月に会長に就任されたわけですが、会長への立候補を決意された際のエピソードを教えてください。

増田 私は、会長の選出方法が、会員による直接選挙方式から、推薦委員会方式に変更となった後に最初に就任した会長なのです。また、協会から報酬が支給される初めての会長でもありましたので、自身の退路を断って会長の任に当たらなくてはならないと考えていました。ですので、会長に選任されるか否かにかかわらず、当時所属していた監査法人を6月に退職する旨の辞表を、3月の時点で提出しました。

関川 会則上は、会長就任に当たって必ずしも所属監査法人を退職しなければならないわけではないのですが、増田さんの後の会長の方も全て退職されていますね。

増田 私の後に会長に就任された方々にはちょっと迷惑であったかもしれませんが、協会の会長が監査法人という組織から離れた存在であることを社会に示すことは重要だと考えていました。あと、誤解がないようにいっておきますが、個人事務所経営の方が会長になられるケースもあるわけですから、会長が時間の大部分を会務に当てることは当然としても、自分の仕事を全部やめる必要はないという制度そのものは残すべきだと考えています。

倉重 会長の就任が決まった際はどのような決意をお持ちだったのでしょうか。

増田 藤沼会長の時代は、激動の時代と表現できるほど、様々なことが発生しました。副会長として藤沼会長を支えて前向きに会務に取り組んできました。私が会長となったタイミングで、当時の様々な出来事が一段落した一方で、公認会計士監査制度の信頼の向上が大きな課題となっておりました。この課題に対応することこそが、協会の会長に就任する私に課せられた使命であると考えていました。

◆ 上場会社監査事務所登録制度について

関川 公認会計士監査制度の信頼の向上という観点で、増田さんが会長に就任された際に、上場会社監査事務所登録制度がスタートしたことは大きな出来事でしたね。

増田 そうですね、非常に大きな出来事であったと思います。上場会社監査事務所登録制度は、藤沼会長時代に制度が創設されたもので、私が会長の時代に実行に移しました。監査事務所が上場会社の監査に従事できる体制を整え

ていることを社会的にアピールすることができる制度でしたので、公認会計士への信頼向上に大きく寄与したと感じています。

関川　協会が、会員の法律上の権利に一種の制約を課すということは、これまでになかったことですね。

増田　確かにそのとおりで、この制度の導入に際して、「行政が行うなら理解できるが、協会が制約を課すのはおかしいのではないのか」といったご批判をいただきました。ですが、行政による規制が先行してしまっては、自主規制機関としての協会が存在している意味がなくなってしまいます。公認会計士業界が自ら信頼性を高めるための取組みを行っていることを社会にしっかりと示していく必要があったのです。

◆ 課徴金制度の導入について

関川　増田さんが会長に就任される直前に公認会計士法の再改正が行われ、その後に、法改正に対応した会則・規則の変更を行うための臨時総会が開催されました。この法改正では、有限責任監査法人制度の創設やパートナー・ローテーション・ルールの強化（大規模監査法人の筆頭業務執行社員の5年・5年のローテーションを法制化）、公認会計士又は関与社員の就職制限、課徴金制度の導入などがなされました。

増田　課徴金制度の導入は公認会計士業界にとって非常に大きな出来事であったと思います。皆さんもご承知のとおり、カネボウの粉飾決算事件を起因として、中央青山監査法人（2006年、みすず監査法人に改称）が解散しました。公認会計士法の改正に当たって、大手監査法人が解散するに至った要因を検討した結果、監査法人等に対する行政処分が、戒告、業務停止及び解散命令の3つしかなかったことが要因の1つに挙がったのです。

関川　中央青山監査法人には、2006年に業務停止2か月の行政処分が科されましたが、これにより市場が大きく混乱しましたね。

増田　業務停止処分が科せられたため、多くの被監査会社が、一時会計監査人を選任しなくてはならなくなり、大変な影響がありました。

関川　公認会計士法改正の議論の中で、監査法人に刑事罰を適用するといったいわゆる「両罰規定」の話もありましたね。

増田 確かにそのような意見もありましたが、協会は強く反対しました。たとえ、裁判の結果、無罪となったとしても、起訴されることにより監査法人の信用力が大幅に低下して解散に追い込まれる結果になります。このよい例が、アーサー・アンダーセンの解散であり、こういった過去の事例を他山の石とすべきだと感じました。

監査法人の業務は信用で成り立っているわけですから、法律違反を疑われて起訴されたら、そういった監査法人に監査を依頼してよいのかと企業の株主や債権者からいわれてしまうわけです。そうなってしまうと、仮に無罪という結論が後から出たとしても、その時は既に遅いのです。

◆ 有限責任監査法人制度の導入について

増田 有限責任組織形態の監査法人制度の創設も公認会計士業界に非常に大きなインパクトがありましたね。これまでの監査法人では、社員は無限連帯責任を負っており、何か問題が発生すると、個人の財産も全て供出しなくてはならなかったわけですが、この制度が創設されたことはとてもよかったのではないかと思います。

関川 その後、大手監査法人をはじめ、相当数の監査法人が有限責任監査法人となっていますね。

◆ CAPA大阪大会について

倉重 増田さんが会長に就任されてすぐに、アジア太平洋会計士会議（CAPA）大阪大会が開催されました。ホスト国としてご苦労されたこともあったのではないかと思います。当時の思い出などをお聞かせください。

増田 CAPA大阪大会は、私が会長に就任するよりも前から、近畿会が中心となり準備を進めていました。大会では、日中韓とインドの会計士協会の会長を交えたパネルディスカッションを実施し、アジア経済発展に向けた公認会計士の役割についてお話をしたことを覚えています。

また、CAPA大阪大会には皇太子殿下（現天皇）にも臨席を賜ったのですが、開会式のほか分科会もご覧になられていました。皇太子殿下は環境問題

Episode 04

に強くご関心を持たれており、後日、「環境会計・CSR情報開示と保証」の分科会の資料を提供いただきたいとの要請があり、その資料を送付差し上げたことも思い出されます。

関川　CAPA大阪大会は、海外の参加者からの評判も大変よかったですよね。

増田　近畿会を中心に組織的に何年も前から準備をしてきた成果なのだと思います。

◆ 会計教育研修機構の設立について

関川　続いて、一般財団法人会計教育研修機構の設立についてお話をおうかがいしたいと思います。設立に当たっての経緯等をお聞かせいただけますでしょうか。

増田　新公認会計士試験が、2006年にスタートしたわけですが、私が会長在任中に試験合格者数が大幅に増加し、2008年には3,000人を超える状況となったのです。急激な合格者の増加によって、実務補習所の運営に大きな影響が出てきました。実務補習所の講師は監査法人等からボランティアで派遣していただいているのですが、合格者が増えた分、派遣いただく講師の数が増えることになります。また、合格者の人数増加にともない、実務補習を実施する会場を確保することが困難となり、別の会場を賃借するといった対応を講じました。人的な面でも費用の面でも大きな負担が発生したのです。

関川　試験制度の改正時には合格者を増やすことが想定されていたと思うのですが、これほどの増加は予期していなかったということなのでしょうか。

増田　これほど急激に増加することは予期していませんでした。また、受験者の増加を通じて合格者の増加を目指すということだったはずなのに、この時は合格者だけいっぺんに増えたわけです。そして、合格者の未就職者問題が発生しました。もともと、企業側で試験合格者を採用するといった話を前提として試験合格者を増加させたわけ

●シンポジウムでの講演

ですが、企業側から、必要とする人材が合格していない、研修が十分になされていないから採用できないといった意見が挙がっていました。これらの問題を解決するために、公認会計士業界だけでなく、経済界なども含めて会計人材教育を支えるとの理念の下、会計教育研修機構を設立することにしたのです。同機構の役員には監査役協会や経済団体連合会の役員、学会の方々も名前を連ねています。

◆ 公認会計士試験制度の改正の議論について

関川　試験合格者の増加による様々な問題の発生を受けて、協会は、2009年3月に「公認会計士試験制度に関する要望書」を金融庁へ提出しました。これが、2009年12月の「公認会計士制度に関する懇談会」（以下「懇談会」といいます。）の設置につながり、試験制度の改正について様々な議論が行われることになるわけですが、当時を振り返っての感想等をお聞かせください。

増田　この懇談会に協会の会長として参加していたのですが、懇談会で議論を深めていくにつれて、日本の試験制度は国際的に通用する試験制度ではないと感じました。日本では、試験制度そのものが会計専門職の教育の前提となっており、試験の合格を目指して勉強をするわけですが、公認会計士に必要とされる知識を万遍なく勉強できていないという問題があります。例えば、経済学は、現行の公認会計士試験では選択科目となっており、実際には受験者の多くは経済学を選択していません。実務補習の中で短い時間ではありますが経済学を講義に含めていますが、これでは十分ではないと感じています。公認会計士試験受験者がベーシックな知識をしっかりと学んでいないことに問題があると感じたため、懇談会では試験制度そのものをしっかりと議論すべきだと主張したのです。

　この試験制度改正の問題は、公認会計士の将来を左右する非常に重要な事項であったことから、私の会長任期中に解決をしたかったのですが、次期の執行部に引き継ぐこととなってしまい、大変残念に感じています。

関川　懇談会では、「フルスペックの会計プロフェッショナル」、「フルスペックではない会計プロフェッショナル」といった言葉が出ていましたね。

増田　フルスペックであるかないかは、監査ができるかできないかという違い

Episode 04

● 定期総会での一コマ

● 賀詞交歓パーティーでの挨拶

であったわけですが、世間からみるとその両者の違いはわかりにくいものであったと思います。ですので、このような新たな資格を設ける場合は、公認会計士とは明らかに異なる資格であるとわかるように、例えば、「准会計士」といった名称とすべきだと主張をしていました。

関川 懇談会のメンバーで公認会計士であったのは、協会の会長であった増田さんだけでしたが、この点についてご苦労された点はありますでしょうか。

増田 様々な方に意見を聞くことは大切ですが、明らかに公認会計士制度をよくご存じではない方も多くいらっしゃったので、制度の詳細を懇談会の場で一から伝えないといけなかったのは大変でした。また、当時の政権では「政治主導」を掲げていたわけですが、この政権自体が多くの政党の連立で成り立っていたこともあり、意見がまとまらず、なかなか結論が出なかったのです。当時、未就職者問題は非常に深刻で、早急に根本的な対策を講じなくては、傷口が広がる一方でしたので、この状況には危機感を強く抱いていました。

◆ 未就職者問題について

関川 試験合格者の就職難が深刻化していったのは2009年からで、同年の試験合格者約1,900人に対して実務補習所入所時にアンケートを行っているのですが、そのうち約600人はまだ勤務先が決定していないと回答しています。また、翌年の2010年も約1,900人が試験に合格していますが、アンケート調査によると実務補習所入所時に、そのうち約900人はまだ勤務先が決定していませんでした。未就職者問題が非常に深刻であったことがうかがえます。

増田 実務経験がなければ公認会計士になれないわけですから、未就職者問題

は、試験に合格したにもかかわらず、資格取得の機会が得られないという問題であったわけです。公認会計士という職業そのものの人気低下、ひいては、将来の公認会計士の質の低下につながりかねません。試験に合格しても就職先がない、すなわち、資格が取得できるかどうかはわからない。こういった状況を目の当たりにしてしまうと、公認会計士試験を受験することをためらってしまいますよね。現在では、未就職者問題は解決に至っているわけですが、公認会計士試験受験者数は低調に推移していることから、当時の問題がまだ尾を引いている状態であると感じています。

◆ 公認会計士制度60周年について

倉重 増田さんが会長在任中に、公認会計士制度が60周年を迎えました。この際も、記念式典や記念講演会、新聞広告の掲載などをなさいましたが、当時を振り返っての感想をお聞かせください。

● タグライン

● 新会員章

増田 これまでにお話をしたとおり、当時の公認会計士を取り巻く環境は非常に厳しい状況にありました。その中で、公認会計士制度60周年を迎えることをよい機会ととらえ、公認会計士のアピールをすべく、地味な形ではありましたが、記念式典等の開催を決定しました。

式典では、金融庁長官、東京証券取引所自主規制法人理事長、日本監査役協会会長のお三方から祝辞をいただき、講演会では川北　博相談役にスピーチをしていただきました。また、50周年から60周年にかけての10年間は激動の時代であったことから、この間に起きた出来事を取りまとめた映像を作成しました。そして、会員章のデザインの変更も行いました。あまりお金をかけておらず、地味ではありましたが、公認会計士であることに自信を持っていただけるようにしたいという思いで、可能な範囲で趣向を凝らすように心

がけました。

関川　今回の「歴代会長に聞く‼」シリーズのインタビューの準備で、この映像をみましたが、当時の緊迫した状況が伝わってきますね。

◆ 公会計・監査特別委員会について

関川　公会計・監査特別委員会を設置し、地方公共団体の発生主義会計の基準の統一に取り組まれました。この取組みを進めることとなった背景等についてお聞かせください。

増田　地方公共団体の発生主義に基づく財務書類の開示は、自主的な取組みとして進められてきました。2006年に総務省が、この取組みを一層進めていくに当たり、貸借対照表、行政コスト計算書、資金収支計算書及び純資産変動計算書の財務書類四表を、「基準モデル」又は「総務省方式改訂モデル」により整備することを地方公共団体に求めていたのですが、東京都などではこのモデルが示される前から独自の方式で複式簿記・発生主義会計を導入しているといった状況で、３つのモデルが併存している状態でした。統一した会計基準に基づいて財務諸表が作成されなければ、その内容はバラバラになり、比較や検証が困難となります。一方、2006年には、夕張市の財政破綻が明らかになり、その中で現金主義による会計制度の弱点を悪用した大掛かりな決算操作、一種の粉飾決算をしていることも明らかになりました。財政破綻する自治体がほかにも出てくるのではないかという懸念が広がり、社会的に大きな問題となっていました。このような状況を踏まえて、協会として地方公共団体における財務書類の整備の在り方を示すために、公会計・監査特別委員会を設置し検討を進めることにしたのです。

関川　増田さんが会長に就任された直後の2007年８月に会計・監査特別委員会が設置され、翌年の10月に「地方公共団体の会計に関する提言」を公表していますね。

増田　この委員会に参加されている会員の多くは、実際にそれぞれのモデルを使った財務書類の作成支援実務に携わっている方々でしたので、その実務経験も踏まえて活発な意見交換が行われたため、提言の取りまとめにはとても苦労したようです。様々な困難はありましたが、タイムリーに提言を取りま

とめていただくことができ、ホッとしました。この提言の公表が、地方自治体の財務諸表作成基準の統一に向けたスタートとなったのだと思います。

関川　少し時間はかかりましたが、現在は、統一した基準による、複式簿記に基づく財務書類の整備が進んでいます。

◆ IFRS導入に向けた取組みについて

関川　増田さんが会長在任中の2009年6月に、金融庁の企業会計審議会から、「我が国における国際会計基準の取扱いについて（中間報告）」が公表され、日本版IFRS導入ロードマップが示されるなど、IFRS導入に向けた議論が盛り上がっていましたね。

増田　任意適用も決まり、協会でも支援体制を整備していくことを考えていました。しかし、その後、一部の根強い反対もあり、結局、現在のように4つの基準が併存するといった状況になっています。米国会計基準の廃止が取りやめられ、修正国際基準が設定され、IFRSも認められており、このほかに日本基準も存在している。このような国は世界では稀ではないでしょうか。基準は一つの物差しであるわけですから、利用者の立場を考慮すると、その基準が複数あるということはよくないと感じています。そういった意味でも、IFRSの導入がさらに促進されていくべきであると考えています。

◆ 若手のころを振り返って

関川　増田さんは、公認会計士登録をされた後、新和監査法人の設立にも関係されていましたが、差し支えない範囲で構いませんので当時のエピソードをお聞かせいただけますでしょうか。

増田　私は、大学在学中に何か資格試験を受験しようと思っていました。当初は司法試験を受験しようと思っていたのですが、当時、様々な粉飾事件が世間を賑わせており、こういった事件の発生を防ぐような仕事をしたいと思い、公認会計士試験の受験を目指すことにしました。私は、小さいころから、そろばんを習っており、計算や数学は得意でしたが、簿記を学んだことはなかったので、一からの勉強となり苦労もありましたが、なんとか大学在学中に

Episode | 04

狭き門を突破することができました。

　私が公認会計士試験に合格したころは、まだ日本に監査法人が存在していない時代でしたので、個人の会計事務所に入所しました。

関川　増田さんが第二次試験に合格された1965年は、有名な山陽特殊製鋼の粉飾事件が発覚した年ですね。この事件が一つのきっかけになって公認会計士法が改正され、監査法人制度が創設されることになるのでしたよね。

増田　そういうことになりますね。そして、私が公認会計士第三次試験に合格した翌年に所属していた事務所が監査法人となったのです。当時は、公認会計士は独立開業を目指す人が多くて、私もそのつもりでしたが、所属していた事務所が監査法人になって、結局、そのまま勤務することにしたのです。

関川　監査法人大手町会計事務所というお名前でしたね。

増田　そうです。ちょうど、1970年の１月に設立をしたのですが、そのすぐ後に、ある企業の粉飾事件に巻き込まれてしまうのです。監査法人は粉飾を見抜いて、不適正意見を出したのですが、その前の期に適正意見を出してしまったことが問題視されました。監査法人は戒告、監査責任者は業務停止の処分を受け、この監査責任者は責任をとって事務所をやめました。設立早々に事務所は分解状態となっていたわけですが、クライアントがまだ残っていたことから、事務所を存続させるため合併を行いました。複数の事務所と合併し、協会の会長も務められた、井口太郎先生にも参加いただいて、新和監査法人を設立したのです。その後、当時、中堅クラスの規模であった大阪の監査法人大和会計事務所との合併を経て、監査法人朝日会計社と合併し、監査法人朝日新和会計社となりました。そして、この監査法人が、今日の有限責任あずさ監査法人となるわけです。名称はいろいろ変わりましたが、私は一貫して同じ監査法人に所属してきたということになりますね。

関川　まだ公認会計士として駆け出しの時代に粉飾事件に遭遇したことは、その後の公認会計士人生に大きな影響を与えたのではないでしょうか。

増田　そのとおりですね。公認会計士の仕事、特に、監査責任者の仕事は厳しいものだという認識を強く持ちました。この企業は、非常に巧妙な手口で粉飾をしていたので、簡単には見抜けなかったのです。ただ、巧妙であったとしても、やはり通常とは異なる点はいろいろと出てくるわけです。

関川　隠せば隠すほど不自然な点が出てくる面もありますよね。

増田 そのとおりです。こういった不自然な点を見付けるためには、不自然な点を「おかしい」と感じられるセンスを身に付ける必要があるのです。

◆ これからの公認会計士に求められる能力について

倉重 会長を退任された後、増田さんは会社の社外役員等に就任されています。社外役員の業務の中でもこれまでの経験が活かされているのでしょうか。

増田 私は、若いころはコンサルティング志向があって、公認会計士登録をした後に、監査法人に勤務する傍ら、自分の会計事務所を立ち上げ、コンサルティング業務にも従事してきました。まず、若い時のコンサルティング業務を通じて、会社の経営そのものについて深く学んできた面があります。また、監査業務を行うに当たっても、単に帳簿だけをみるのではなく、経営に関する様々な総合的な知識や被監査会社の業界に関する知識を身に付けた上で、会社全体をみるように努めてきました。そういった経験が、現在、社外役員としての職務を遂行するに当たって役立っていますね。

倉重 昨今の会計や監査の世界では専門分野に特化した方も非常に多くなってきています。ジェネラリスト的な視点を持つことは難しいように思いますが、この点についてどのようにお考えでしょうか。

増田 あまり難しく考えず、全体について薄くてよいので知識を持ち、その上で、一部について深い知識を持つという、いわゆる「Ｔ型人材」を目指せばよいのだと思います。時間も限られる中で、全ての分野で専門家になることは難しいわけですから。

あと、もう１点、重要なことは、原則主義的な思考を養うことです。例えば、法律には設定趣旨や目的があるわけですが、これをしっかりと理解し、法律で書かれていないこともそれに基づいて解釈すればよいわけです。最近、規則主義的な考えから、法律や規則で規定されていなければ「やってよい」又は「やらなくてよい」と考える人が多いのです。そういった考え方はおかしいのではないかと感じています。法律にしても会計基準にしても、その趣旨に反することはやってはいけないのです。ですから、しっかりと根本を理解する必要があると思います。

倉重 そういった意味では、常識的な考え方を大事にする必要がありますね。

Episode | 04

増田　この常識というものも、結構、レベルが高い常識でないといけないと感じています。何が今の社会のニーズに合致しているのか、今はどういう時代であるのかといったことを認識した上で解釈していかなくてはならないのです。

関川　原則主義になればなるほど、公認会計士も、会計・監査以外の様々な知識を身に付けなければならないということになりますね。

◆ 公認会計士業界へのエール

倉重　本年（2018年）7月に70周年を迎えるに当たって、公認会計士業界に向けてアドバイスやエールをいただけますでしょうか。

増田　今後、公認会計士業界が発展していくためには、人材の確保が非常に重要であると感じています。そのためには、試験制度を含む公認会計士制度の改革を進めるとともに、公認会計士が働く環境の改善を進めていくことが必要となります。まず、試験制度についてですが、日本の公認会計士が世界に通用し評価されるようになるために、総合的な知識を習得できるような試験制度とすべきです。

　また、3月決算期の監査現場の逼迫の一因には、会社法監査と金融商品取引法監査が併存する他国に例をみない制度があるわけですから、開示・監査制度の一元化を早急に実現する必要があります。

　「監査現場は過酷だ」といった話をよく耳にしますが、そういった話が聞こえてくる業界にはよい人材は集まってきません。監査期間・時間をしっかりと確保し、余裕を持って公認会計士が業務に携われるようにしていただきたいと思います。

◆ 若手の公認会計士へのエール

関川　若手の公認会計士に伝えたいメッセージがありましたらお願いします。

増田　私は、公認会計士は非常に魅力的でやりがいのある職業だと思っています。どのような職業にも、時代に応じた浮き沈みがあるわけですが、公認会計士は、未来永劫、存在する職業であると感じています。そのことに誇りを

持って、業務に励んでいただきたいと思います。

倉重　本日はお忙しい中、ありがとうございました。今後、ますますのご活躍を期待しております。

増田　こちらこそありがとうございました。

公認会計士試験制度の変遷

　1948年の公認会計士法の施行により、わが国の公認会計士の歴史が始まり、翌1949年に公認会計士試験も開始された。2003年の公認会計士法改正以前は、公認会計士試験は第1次試験から第3次試験まであり、そのうち、第1次試験は大学の一般教育課程[1]を終了すると免除されていたため、多くの受験者は、第2次試験から受験していた。第3次試験の受験資格は、第2次試験合格後、1年間の実務補習と2年間の業務補助（又は実務従事）により付与された。なお、第3次試験は、1961年から1995年までの間は年2回実施されていた[2]。山本元会長へのインタビューにあるように、旧試験制度下での第3次試験では、筆記試験で一定以上の得点を得た者を対象に口述試験を課し、筆記試験と口述試験の成績を合算して合否判定する制度となっていたが、口述試験が行われるようになったのは、1964年度の第2回第3次試験からのことである。

表1：公認会計士試験の主な変遷

1949年	公認会計士試験開始
1951年	第3次試験に「税に関する実務」を含める
1961年	第3次試験が年2回実施に
1964年	同年度第2回第3次試験から口述試験実施、また筆記試験に論文を追加
1995年	第1次試験に外国語（英語）試験が導入 第2次試験に短答式試験、選択科目導入
1996年	第3次試験が年1回実施に
2006年	新試験制度開始
2010年	短答式試験、年2回実施
2011年	試験制度の改正を含む公認会計士法改正が国会に上程されたものの成立せず

　上表から明らかなように、1964年から1995年の約30年間、試験制度はほぼ変わっておらず、今回インタビューを実施した歴代会長のうち、山本元会長を除く6名の元会長は、全てのこの間に第2次試験及び第3次試験に合格している。
　また、正規の試験制度のほかに、経過的に特別試験の制度が設けられ、計理士等の一定の職[3]に通算して3年以上従事していた者を対象として、特別公認会計士試験が実施された。特別試験は、1949年から1954年まで9回実施され[4]、受験者延べ15,171名、合格者1,042名（合格率6.9％）であった。この他にも、旧計理士の救済を目的として、1964年度から1966年度の間に計5回公認会計士特例試験が実施さ

れ、受験者延べ5,109名、合格者1,204名（合格率23.6％）であった。

監査制度の変遷

【制度監査】

わが国の公認会計士制度は、上場企業の監査を行うために作られた制度であるということができる。1948年に公認会計士法が制定され、1950年に証券取引法（証取法）が改正[5]され、上場企業等の財務諸表について公認会計士による監査を必要とする条項が置かれたが、これらの法律の施行により、すぐさま監査が始められたかというと、そういうわけではない。

経済安定本部の下に1948年7月6日[6]に設置された企業会計制度対策調査会[7]が、1949年に企業会計原則、1950年に監査基準及び監査実施準則を制定したものの、わが国の企業にも公認会計士にも、まだ正規の監査を行うための準備ができていないとして、1951年7月1日以降開始事業年度から、実施する監査手続を限定した初度監査が行われた。このような正規の監査以前に行われた監査範囲等を限定した「監査」は「制度監査」と呼ばれている。制度監査は、第5次にわたり、現在、公認会計士（監査法人）が実施している「財務諸表の適正性に関して意見を表明する」正規の監査が初めて行われるのは、1957年1月1日以降開始事業年度からであった[8]。

なお、正規の監査の開始直前1956年12月末の被監査会社数は952社、監査責任者数は316人であった。

表2：制度監査の変遷

名称	適用対象年度[9] （事業年度開始日）	特徴[10]
初度監査	1951年7月1日	会計制度の整備・運用状況の監査 資産の実査、債権債務の確認は実施しない
次年度監査	1952年1月1日	会計制度の運用状況を主たる監査目標 実施可能な場合には、実査・確認・立合も実施
第3次監査	1952年7月1日	実査・確認・立会の実施から「実施可能な場合には」の文言を削除した他は、ほぼ次年度監査に同じ 内部監査制度確立の問題を重視
第4次監査[11] （正常監査）	1953年7月1日	会計制度の運用状況の他、財務諸表の重要な項目の監査
第5次監査 （正常監査）	1955年1月1日	第4次監査の対象を順次拡大、1956年1月1日からは、貸借対照表項目は全て監査対象

Column

【中間監査制度の導入と四半期レビュー制度への移行】

わが国商法（現、会社法）は、会社に対して年に一回以上決算を行い、株主に報告することを定めていたが、証取法の適用を受ける会社では、半期決算を採用している会社が多く、1年決算会社との間で企業内容開示の回数が異なり、1年決算会社のディスクロージャーは半年決算会社に比較して劣っていると判断されていた。そのような背景の下、1971年の証取法の改正により、1年決算会社に対する半期報告書制度が導入された[12]。

1974年の商法改正による中間配当制度の導入を契機として1年決算への移行が進んだことから、半期報告書の重要性が増大した。半期報告書で開示される中間財務諸表の信頼性を担保させるため、証取法のもとでは公認会計士等による監査証明制度が実施されていることから、中間財務諸表に対する意見表明もこの制度によることが適当とされた。その結果、正規の監査手続に比較して簡略な監査手続を認めた「中間監査手続」を適用して監査を行い、「中間監査報告書」によって、中間財務諸表の「中間財務諸表作成基準」への準拠性及びその有用性について意見表明を行うというわが国独特の制度が、1977年9月中間決算から開始されることとなった。

なお、後述する四半期報告・レビュー制度が2008年4月1日以降から開始されるに伴い、原則として中間監査制度はなくなったが、銀行業などの一部の業界では、中間監査は継続して行われている。

【商法特例法（会社法）監査の導入】

1974年に制定された株式会社の監査等に関する特例に関する法律（商法特例法）により、大会社に関しては、公認会計士又は監査法人を会計監査人として設置することが義務付けられた[13]。これは、わが国の公認会計士監査の歴史上、画期的なことであったが、この法律の制定までには多くの紆余曲折があった。

1965年の山陽特殊製鋼事件を初めとする数多くの粉飾会計事件を踏まえて、株式会社の監査制度の強化を中心として、1966年11月から法制審議会商法部会の審議が開始され、1970年3月に「商法の一部を改正する法律案要綱」を法務大臣に答申した。しかし、国会に法案が上程されるのは、1973年3月であり、同年7月に衆議院で一部修正の上、可決されたが、参議院で継続審査となった。法案が成立したのは、1974年3月のことであり、商法部会での審議開始から7年以上もかかる難産であった[14]。

商法特例法上の大会社は、資本金5億円以上とされたが、その施行期日は以下のとおりとされた。

① 証取法の適用を受ける資本金 5 億円以上の会社：1974年 1 月 1 日以降
② 証取法の適用を受けない資本金10億円以上の会社（銀行・保険会社等を除く）：
   1975年 1 月 1 日以降
③ 資本金が10億円以上の銀行・保険会社等：1976年 1 月 1 日以降
④ 証取法が適用されない資本の額が10億円未満の会社：別に法律で定める日

　その後、1981年の商法特例法改正により、資本金が 5 億円以上の株式会社は全て、また新たに債権者保護の観点から、期末における負債の合計額が200億円以上の会社も大会社とし、会計監査人の監査の適用対象とされ[15]、その適用範囲は現在の会社法監査にほぼ引き継がれている。

　なお、商法特例法監査（現在の会社法監査）の導入による監査制度改善の最も重要な意義は、監査対象の拡大ではなく、監査役及び会計監査人の監査を定時株主総会前に完了することで決算粉飾を未然に防止し、企業会計の健全性を確保することであったとされている[16]。

　一方で、公認会計士（監査法人）が、同一の会社に対して会社法と証取法の双方に基づく 2 種類の監査報告書を提出するわが国独特の制度は、これ以降始まり、今日まで続いている。

【内部統制報告・監査制度の導入】
　内部統制報告・監査制度は、2006年の証取法（法律名を「金融商品取引法（金商法）」に変更）改正により、2008年 4 月 1 日以後開始事業年度から導入された。2004年の秋に大手鉄道会社が長年にわたって大株主の状況[17]に虚偽の記載をしていたことが発覚し上場廃止となる事件があり、その後、金融庁が有価証券報告書の記載内容の自主点検を要請したところ、数百社が訂正報告書を提出することとなったことが、この制度導入のきっかけであることは、増田元会長のインタビューにあるとおりである。

　企業会計審議会は、2005年 1 月に内部統制部会を設置して具体的検討を開始し、2005年12月に「財務報告に係る内部統制の評価及び監査の基準のあり方」、2007年 2 月に「財務報告に係る内部統制の評価及び監査に関する実施基準の設定について（意見書）」を公表した。

　なお、2014年 5 月の金商法改正により、新興企業の新規上場を促すことを目的として、新規上場会社は、上場後の 3 年間は内部統制報告書の提出は引き続き求められるが、公認会計士による監査の免除が選択可能となっている[18]。

105

Column

脚注

1）1991年の大学設置基準の改正に併せて、免除要件は「大学２年以上在学で44単位以上の修得者」とされた。

2）1961年から第３次試験を年２回の実施とした背景には、当時の第３次試験の合格率が極めて低く（7-12％）、会計士補のまま公認会計士となれない、いわゆる「士補浪人」の問題があった。なお、1996年以降、第３次試験の実施回数を１回とした理由は、既に「士補浪人」問題が解決している点にあった。（この当時の第３次試験の合格率は50％前後）

3）税務代理士、商学の教員、行政機関において会計検査、銀行検査等を直接担当する者、銀行、事業会社等で会計等の課長職以上の者。

4）法制定当初は、「３年以内に限り」とされたが漸次延長された。

5）証券法は1947年に制定されたが、1948年に全文改正されており、その中で、将来の財務諸表監査の導入の余地を残していた。1950年の改正法で第193条の２が置かれ、「特別の利害関係のない公認会計士の監査証明を受けなければならない」と規定された。

6）奇しくも公認会計士法の公布日と同一日である。

7）1950年に「企業会計審議会」に改組、1952年に経済安定本部が廃止されたことに伴い、大蔵省に移管された。

8）JICPA（当時は任意団体）は、正規の監査の即時実施を主張したものの、経団連の反対もあり漸進主義を採用することになった。（『公認会計士制度25年史』、JICPA、335ページ）なお、川北元会長は、制度監査について、「昭和20年代後半は、そのための足ならしといえば聞こえはよいが、後掲するようにすこぶる限定された制度的妥協に満ちた約束ごとの監査らしきものの連続であった。」と評している。（『[私本] 会計・監査業務戦後史』、川北博　著、日本公認会計士協会出版局、2008年、47ページ）

9）この当時の日本企業は、半年決算企業が多く、この適用事業年度は半年決算会社の場合である。次年度監査及び第３次監査は、それぞれ２事業年度目の監査、３事業年度目の監査に適用された。

10）制度監査では、監査日数、監査報酬にも一律の取り決めがあった。例えば、初度監査においては、監査人は公認会計士、補助者各１名の合計２名、監査日数も延22日を超えないものとされ、監査報酬は一律に17万円と定められた。

11）第４次監査、第５次監査については、基礎監査（監査を受けることになった最初の２事業年度の監査）と正常監査（基礎監査終了後の監査）に区別されており、基礎監査は初度監査から第３次監査までと同様に、会計制度や内部統制の整備・運用状況に限定した監査であった。

12）証取法改正による半期報告書制度の導入は、当時既に議論の遡上にあった商法改正による半年決算会社の１年決算会社への移行を見越してのこととされる。（『[私本] 会計・監査業務戦後史』、川北博　著、日本公認会計士協会出版局、2008年、148ページ）

13）商法特例法の制定は、他の商法改正項目と一体的に検討され、商法改正３法案の一つとして成立している。この時の商法改正案で特筆すべき項目は、商法第32条第２項に「商業帳簿作成に関する規定の解釈については公正なる会計慣行を斟酌すべし」との規定が入ったことである。この規定は、現在の会社法第431条の「株式会社の会計は、一般に公正妥当と認められる企業会計の慣行に従うものとする」に引き継がれている。

14）特に国会上程が遅れた理由として、日本税理士会連合会が、「税理士の職域を侵害するおそれがあることや、中小企業者の負担を過大にするおそれがある」ことを主張して、強力な反対運動を展開したことが挙げられる。（『[私本] 会計・監査業務戦後史』川北博　著、日本公認会計士協会出版局、2008年、160－175ページ）

15）1984年４月１日以降開始事業年度から適用。生命保険相互会社についても1981年の保険業法の改正により、第67条第１項の準用規定によって、1984年４月１日以降開始事業年度から会計監査人

の監査を受けることになった。

16）「それまでの証取法監査は、株主総会による計算書類の承認後に行われる事後監査であり、公認会計士がその財務諸表の内容に違法な点を発見した場合でも、その監査結果を株主総会における計算書類の審議に役立たせることができず、経理の不正を十分に防止することができなかった」（『公認会計士制度35年史－最近の10年－』、JICPA、130－131ページ）

17）この経緯もあり、我が国の内部統制報告・監査制度では、「財務報告」の定義を、「財務諸表及び財務諸表の信頼性に重要な影響を及ぼす開示事項等に係る外部報告」とし、財務諸表以外の開示項目の作成プロセスの一部もその対象としている。

18）但し、社会・経済的影響力の大きな新規上場企業（資本金100億円以上、又は負債総額1,000億円以上を想定）は監査免除の対象外である。

107

Episode 05

日本公認会計士協会 相談役
山崎彰三 氏

■ インタビュアー

機関誌編集委員会 編集員
岸田　靖 氏

日本公認会計士協会 主任研究員
関川　正 氏

Episode 05

日本の公認会計士業界の発展のためにも、国際的な人材が多く育っていただくことを願っています。

在任中の出来事

	会計・監査に関連する事象	世相
2010年	8月 ・金融庁「公認会計士制度に関する懇談会」中間報告を公表 11月 ・第18回世界会計士会議（クアラルンプール）開催	10月 ・尖閣諸島 中国漁船衝突事件 ■今年の漢字第1位「暑」：全国で夏の平均気温が観測史上最高を記録、熱中症にかかる人が続出した年
2011年	1月 ・金融庁 公認会計士試験・資格制度の見直し案を「公認会計士制度に関する懇談会」に示す 5月 ・法律案から公認会計士制度の見直しに関する規定を削除した修正案が成立 6月 ・自見金融担当大臣が「IFRS適用に関する検討について」公表 8月 ・本会にて税理士法改正反対署名活動を開始 9月 ・大王製紙が会長への不適切な融資を公表 11月 ・オリンパス損失隠蔽問題公表	1月 ・霧島連山が噴火 3月 ・東日本大震災発生 7月 ・NASA スペースシャトル「アトランティス」打上げ、30年の歴史に幕 ・サッカー女子ワールドカップ（フランクフルト）で、「なでしこジャパン」が優勝 9月 ・野田内閣発足 ■今年の漢字第1位「絆」：東日本大震災で人の絆を感じたり、なでしこジャパンのチームの絆に感動した年
2012年	11月 ・IFRS財団がアジア・オセアニアのサテライトオフィスを東京に設置	5月 ・東京スカイツリー開業 7月 ・第30回オリンピック競技大会（ロンドン）開催 12月 ・安倍内閣発足 ■今年の漢字第1位「金」：「金」に関する天体現象の当たり年
2013年	3月 ・「監査における不正リスク対応基準」の設定	4月 ・日本銀行 大胆な金融緩和に踏み切る

●年表内の「今年の漢字®」は（公財）日本漢字能力検定協会の登録商標です。

◆ 会務に携わるキッカケ

岸田　山崎さんは、協会の会長に就任される以前から、長く協会の役員として会務に携わってこられました。山崎さんが会務に携わることとなったキッカケを教えてください。

山崎　実は、若いころは協会にはほとんど縁がなくて、印象に残っているのは、1987年から2年間、広報特別委員会の委員として、「JICPA NEWS」とそれまで東京会が編集に携わっていた「会計ジャーナル」を統合し「JICPAジャーナル」（現在の「会計・監査ジャーナル」）を創刊することに携わったことです。初めて役員になったのは、1995年のことです。当時は、バブル経済が崩壊する過程で、公認会計士の監査をめぐる様々な問題がマスコミをにぎわしていて、私は、監査法人トーマツで広報の責任者としてメディア対応を務めていました。当時の私からすると、協会の広報がもっとしっかりしないとだめだと思ったんですね。そのときの協会の広報担当の常務理事がトーマツの先輩だったので、「もっと広報を頑張ってほしい」と言ったところ、「そういうことを言うのであれば自分が役員になって対応しろ」と言われて、選挙に立候補することになったのです。

　でも、結局、協会で広報担当の常務理事になることは、ありませんでした（笑）。

◆ 協会理事としての取組み

関川　最初は、理事として会務に携わっておられたと思いますが、その際にどのようなことに取り組んだのでしょうか。

山崎　理事として、品質管理レビュー制度の導入に携わったことを印象深く覚えています。当時、公認会計士の監査への信頼回復が急務となる中、高橋善一郎会長や藤沼亜起さんが監査事務所における監査の品質管理をレビューする制度を導入するといったアイディアを提案されました。この制度を既に導入している、アメリカ公認会計士協会（AICPA）及びカナダ勅許会計士協会（CICA）に高橋会長と藤沼さんと共に出向き調査を実施しました。そして、その調査結果を踏まえ、日本における品質管理レビュー制度の原案を作成し

111

たのです。アメリカのようなピアレビュー制度（注：監査事務所の品質管理の整備運用状況を別の監査事務所がレビューする制度）は日本にはなじまないと考え、カナダ・オンタリオ州の制度を参考に、協会が監査事務所の品質管理をレビューする制度を提案しました。

　また、継続的専門研修（CPE）制度の創設にも携わりましたね。現在の公認会計士業界に定着している大きな制度の創設に携わることができたことは、とても貴重な経験であったと感じています。

◆ 国際を長く担当して

岸田　1998年からは常務理事に就任されていますが、どのような業務に携わっておられたのでしょうか。

山崎　常務理事は2期務めていますが、両方とも国際を担当していました。その後、2期務めた副会長でも、国際が管掌分野に含まれていましたので、終始一貫、国際を担当していたことになります。また、国際会計基準委員会（IASC）、国際会計士連盟（IFAC）及びアジア太平洋会計士連盟（CAPA）などの国際組織の日本代表も長く務めることになりました。

関川　確か、IASCが国際会計基準審議会（IASB）に組織変更する直前の最後のボード・メンバー（日本代表）だったんですよね。

山崎　それまで会計基準の設定に関与したことはなく、当時の中地　宏会長からIASCのボード・メンバーになるように言われたときは少しビックリしました。おそらく中地会長は、国際担当の常務理事がIASCの議論にしっかりと関与すべきと考えられたのではないかと思います。当時は、基準づくりのテクニカルな問題に加えて、IASCの改組が大きなテーマになっていました。

関川　IASB発足に向けたプロセスですね。

山崎　そのとおりです。IASCは、IFACの姉妹組織で、世界各地の会計士協会がお金とメンバーを出して運営をしていました。しかし、作成された基準を各国に受け入れてもらうためには、各国の会計基準設定機関や規制当局も含めた幅広い利害関係者が参加する組織にすべきではないかといった議論がなされていました。紆余曲折を経て、2001年4月にIASBが設置され、IASCの28年の活動に幕が下りたのです。国際会計基準、現在の国際財務報告基準

（IFRS）が世界各国で実際に適用されることにつながる、非常に大きな出来事であったと思います。

ASBJの設立について

関川 IASBの設立の後、日本でも企業会計基準委員会（ASBJ）が設立されましたね。これは、IASBの設立に呼応した動きだったのでしょうか。

山崎 そのとおりです。IASBの設立が決まって、そこに日本が関与していくためには、日本の会計基準設定のあり方の改革と能力の強化が必須だったのです。

関川 当時、ASBJの設置が急に決まったような印象がありました。

山崎 IASBの運営組織であるIASC財団（現在のIFRS財団）の最初の評議員を決める指名委員会のメンバーに日本人が一人も選出されていなかったことが日本の関係者の危機感を生みました。このままでは、IASC財団の評議員やIASBの理事に日本人が選出されないのではないかという懸念から、日本の会計基準設定主体の改革が急ピッチで進められたのです。

　これまでは、会計基準の設定を企業会計審議会、すなわち、国が行っていたわけですが、これを民間団体が担うように変革していくというのは非常に大きな話で、当時の中地会長、奥山章雄副会長の下で活動したのですが、協会だけで実現できるような話ではありません。当局や経団連をはじめとする様々な利害関係者の賛同を得るとともに、企業会計制度に理解のある国会議員等の政治家の方々とも協力をしながら対応していったことから、IASBの設立からさほど遅れることのないタイミングでASBJの設置に至ったのだと思います。おかげで、IASC財団の評議員には2名、IASBの理事には1名の日本人が就任し、これは現在も続いています。

会長就任に際して

岸田 副会長・常務理事として協会会務に携わり、その後、会長に立候補されたわけですが、会長に立候補された際のお気持ちはどのようなものだったのでしょうか。

山崎 会長選びは、その時折の状況に応じて、自ずと候補となる方は絞られてくるわけです。私が会長に立候補したのは、ある意味では巡りあわせだったと感じています。ただ、長く協会の会務に携わってきたので、副会長になったころには、いつかは会長になることもありうると覚悟しました。

◆ 公認会計士試験・資格制度の見直しについて

関川 山崎さんが会長に就任された際に、金融庁が設置した「公認会計士制度に関する懇談会」（以下「懇談会」といいます。）における議論が佳境を迎えていたと思います。私も当時、協会の常務理事として役員会での議論等に参加していました。

当時の議論を少し振り返りたいと思います。懇談会での議論を経て、公認会計士試験・資格制度の見直し（科目合格等の有効期間の見直し、「企業財務会計士」の創設、公認会計士の資格要件の見直し、会計の専門家の活用等の促進・その状況の開示）案が示されました。その後、この案を具体化した法案が国会に上程されたものの、法案から公認会計士法改正に関係する部分を削除する修正決議がなされ、公認会計士制度の見直しは行われないこととなりました。

一連の動きに会長として対応されていたかと思いますが、当時を振り返っての感想をお聞かせください。

山崎 当時、公認会計士試験合格者数が3,000人を超える人数となっていた反面、監査法人でその合格者全てを採用することができない、いわゆる未就職者問題が発生し、深刻な問題だととらえていました。公認会計士になるためには、実務経験が必要ですので、これは実は就職の問題ではなく、一所懸命に勉強して合格したのに、資格取得のチャンスを与えられないという、資格取得の問題だったのです。この未就職者問題へ対応するために、協会は試験制度の運用の見直しを要望し、それが「公認会計士制度に関する懇談会」の発足に至りました。我々が主として要望したのは、あまりにも急激な合格者の増加の抑制を中心とした運用の見直しだったのですが、懇談会での議論は制度の変革に傾いていきました。この懇談会の議論を踏まえて、さきほど関川さんが言われたような試験制度の見直し案が提案されたわけです。懇談会

の委員に公認会計士の代表として参加しているのは協会の会長だけで、2010年7月に私が会長に就任し、同月末に実施された9回目の懇談会から、私が参加することになりました。ここで、それまでの議論を踏まえて制度の変更案をまとめた中間報告書の公表が決まりました。中間報告書に寄せられたコメントを踏まえて、年末に実施された第10回の懇談会で最終的な見直し案の概要が公表されました。

　試験制度の見直しは業界全体の将来にかかわることであり、今後、協会が関係諸方面と折衝を行うに当たってどのようなスタンスで臨むのかを明確にする必要があったため、2011年の2月に、臨時理事会を開催し、審議していただきました。

関川　当時、私もこの臨時理事会に参加していましたが、様々な意見が出たため、この議論だけで4時間を費やしたことを覚えています。理事会の議論を踏まえて執行部原案の一部を修正した対応方針案を最終的に記名採決して、賛成50、反対14、棄権1の賛成多数で可決されました。最終的に決議された対応方針案は、①2011年以降の試験合格者数のあり方については、懇談会で示された1,500人から2,000人程度を目安とする現実的な運用を強く求め、これを前提に、新たな資格制度の創設を含む見直し案全体としては、理解できる方向にあると認識する。②企業や公的部門における試験合格者の受入環境の整備を求めることや、「企業財務会計士」の名称や協会への入会資格の問題など、個々の論点について継続的に対処していくなどでした。

● 会長就任時の一コマ

山崎　この決定を踏まえて、関係各所と様々な折衝を行ってきたわけですが、結果として、国会で4月に法案が修正され、試験資格制度の見直しをはじめとする公認会計士法の改正は行われず、質疑において合格者

● 賀詞交歓パーティーでの挨拶

数をおさえる旨の政府答弁がなされたのです。この法案が先に審議された参議院は、当時、自由民主党などの野党が多数を占めていたという政治情勢も多分に影響したと思います。

関川　ご不快な話題となり申し訳ございませんが、この件を発端として、会長解任請求が会員500余名から出されました。

山崎　見直し案のうち、特に企業財務会計士の創設に強く反対している会員も多いので、1月下旬から2月上旬にかけて、各地域会をまわって説明したり、ニュースレターなどを使って周知した上で、最終的には、会員を代表する理事の方に審議していただくために臨時理事会を開催し、執行部の方針を了とする決議がなされたのです。この決議に従って様々な折衝を行ってきたわけですが、その折衝のうち機微に触れる部分について、今でもお話できないことがあることは事実です。

　そのため、臨時理事会での採決からの事の成り行きの全てを明確にお伝えすることができなかったことが会員の不満につながり、これが噴出し解任請求がなされたと理解しています。解任請求を提出された方々の感情は理解できるのですが、私は、協会会長として、この間、真摯に対応してきたという自負がありました。また、東日本大震災への対応やIFRSへの対応など、他の重要な課題が多くある中で、新たな会長選びに時間を費やしているわけにはいかないとの強い思いがありました。

関川　協会の会則では、300名以上の会員の同意を得て会長の解任を請求できることになっていて、請求がなされた場合、理事会の議を経て全会員による解任の可否を問う信任投票をすることになっています。6月上旬に開催された理事会で全会員による信任投票を実施するか、解任請求を棄却するかの審議が行われ、理事会は解任請求を棄却しました。利害関係人であるということで、山崎さんは意見陳述だけで退席されたわけですが、審議の中で、今回の件で山崎さんと共に活動されていたある役員の方が「山崎さんが会員や理事会に対する背徳的な行為をしたことは一切なかった。」と断言されたことが強く印象に残っています。

山崎　この、会長の解任請求の背景には、会長の選出方法をめぐる一部会員の不満もあるのだと感じました。この点を踏まえて、その後、会長選出方法の見直しの検討を行いました。推薦委員会方式から、一種の間接選挙のような

方式に改めることを「会長選出方法見直し要綱案」として提案したわけですが、要綱案に寄せられた会員の方々からの意見を慎重に検討した結果、最終的にはこの提案を取り下げました。提案した間接選挙的な制度を導入するには、役員定数の一票の格差など、検討すべき課題が多いことが明確になり、様々な課題が山積する中、この問題にこれ以上時間を費やすべきではないと考え、このような決断に至りました。

◆ 公認会計士及び公認会計士制度のあるべき姿

山崎　公認会計士試験・資格制度の見直しという点で、「日本における公認会計士及び公認会計士制度のあるべき姿の提言プロジェクトチーム」を設置し、検討を進めたことに触れておきたいと思います。一連の公認会計士法改正の議論の中で、試験制度や資格要件の見直しなどについて検討がなされたわけですが、当時は、的確な情報を基に、理論的に協会が意見を述べていくことが難しい状況でした。また、これは試験制度が現在の形に変わった、2003年の公認会計士法改正の時も同様だったと思います。今後、同様の法改正の議論がなされた際に、協会がしっかりと意見を発信していくことができるように、公認会計士の多くが試験制度や資格制度についてどのように考えているのか、公認会計士制度がどのようなものであるべきなのかをしっかりと検討する必要があると感じ、プロジェクトチームを設置することを決めました。

　私の任期中に中間報告として提言を取りまとめるに至り、一定の成果を上げることができたと感じています。

関川　提言の中では、常設の調査研究機関の設置の必要性も明記されていましたね。

山崎　法改正の議論が始まると、非常に短期間で結論が出てしまうことから、協会が法改正について適切なタイミングで意見発信をするためには、常日頃から公認会計士制度等を検討する専門機関の設置が必要不可欠であると感じていました。

関川　実は、この提言が、私が主任研究員を務めるJICPAリサーチラボの設置につながっています。本日のように、法改正に深く携わった方からその経緯を詳しくおうかがいし、記録として残すことも、重要な活動の一つと位置付

Episode 05

けています。

◆ IFRS導入に係る対応について

岸田 山崎さんは、先ほど話に出たように、IASBの設立などにも当初からかかわっておられました。企業会計審議会から2009年6月に「我が国における国際会計基準の取扱いについて（中間報告）」が出され、山崎さんの会長在任中にIFRSの適用が促進するかと思われていましたが、当時の金融担当大臣が2011年6月にIFRS適用に消極的な発言をされたことを契機に、IFRSの導入に急ブレーキがかかりました。この点について、当時を振り返っての感想をお聞かせください。

関川 金融担当大臣の発言の内容を要約すると、次のようになります。①IFRSの適用に関して、企業会計審議会に追加の委員を加えて、中間報告以降の状況変化も踏まえて総合的に検討をすること、②少なくとも2015年3月期の強制適用は考えておらず、強制適用する場合でも、その決定から5－7年の準備期間をおくこと、③2016年3月期で使用終了とされていた米国基準の使用期限を撤廃することです。

山崎 私が、会長に就任したのは、中間報告の1年後のことで、当時はIFRSをどのように日本に導入していくのかが課題となっていました。先ほど、IASB設立の話をしましたが、その際にIASCの最後の日本代表として私と山田辰己さんが国際的な議論の場にいたわけです。山田さんはIASBのボードメンバーとなったため、日本国内のことに対応していくのは私の責務と考えていました。ですので、IFRS導入に向けての関係各所との折衝に汗を流したことを覚えています。その最中での金融担当大臣の発言でした。当時は、連立政権であり、大臣もご自身のポジションを踏まえて様々な意見に配慮しなくてはならなかったという事情があったのだと思いますが、あの発言により、IFRS設定の場における日本の地位が危うくなりかかったことには、危機感を強く抱きました。

また、当時、IFRSがあたかも全ての資産・負債を時価で評価することを求めているかのような誤解に満ちた論説も多かったように思います。

私自身もIFRSの中身の全てに賛同しているわけではありませんが、国際

的に共通の会計基準を使うメリットは計り知れないわけですし、何よりも積極的に適用していく姿勢を見せなければ、基準設定の場で、反対意見を含め、影響力を保持することができません。

関川　ただ、任意適用は継続され、徐々に適用企業が増えてきました。

山崎　私は、そもそも、IFRSは少なくとも段階的適用から進めていくべきであると思っていました。IFRSを最初から強制適用すべきであるとの意見も、当時、ありましたが、一部の大企業は別ですが、全ての上場企業に一律にIFRSを導入するのはさすがに無理ではないかと感じていました。ですので、いつかの段階で強制適用するにせよ、例えば、東証一部上場企業の中でも上位の企業から段階的に導入するといった形で対応すべきであると考えていました。

岸田　私も当時、IFRSは段階適用になるだろうと思っていました。2018年5月末現在で、IFRSを適用又は適用を決定した企業は192社にのぼり、年内には200社に達する勢いとなっており、IFRS導入が加速してきたように感じます。

山崎　この動きは歓迎すべきことですね。日本企業がグローバルな市場で競争していくためには、共通の物差し、IFRSを採用することは必須です。各企業がこれに気付いてきたということなのだと思います。

◆ 未就職者問題への対応について

関川　公認会計士法改正のお話と少しオーバーラップしますが、山崎さんが会長の時代は公認会計士試験合格者の未就職者問題への対応が大きな課題でしたね。

山崎　実務補習所の補習料の貸付けや公認会計士試験合格者の一般企業への就職の支援を実施する等、協会としてできうる限りの対応を実施しました。しかし、未就職者を減らすための決定的な対策には至らず、当時の公認会計士試験合格者に苦労をさせてしまったことを申し訳なく思っています。ただ、その後、公認会計士の活躍フィールドが拡大したことなどによって、当時、就職で苦労された方々も、現在は様々な分野で活躍をされていると思います。

岸田　経済界で活躍している公認会計士や試験合格者のネットワーク化を促進するためのプロジェクトも開始されて、それが現在の組織内会計士ネットワ

ークの活動につながっていますね。

◆ 東日本大震災への対応について

岸田 2011年3月11日に東日本大震災が発生しました。協会でも「東北地方太平洋沖地震災害対策本部」を設置し、様々な対応に当たられたと思いますが、取り組まれた事項等について教えてください。

山崎 3月11日に震災が発生し、まず、会員・準会員の方々の被害状況の確認に当たりました。事務所や自宅が津波の被害にあった方はいらっしゃいましたが、お亡くなりになった方がいらっしゃらないことが判明し、ホッと胸をなでおろしたことを覚えています。

　事務所や自宅が津波の被害にあった会員・準会員の方に向けて、義援金を募るなどの対応も行いました。

　また、震災後に新幹線が福島まで開通した際に、新幹線と在来線を乗り継いで、東北会に赴きました。まず仙台にいる会員の方々の無事を確認した後、タクシーを利用して、仙台近郊を巡り被災状況等を見ました。

　私自身も東北の出身であり、被害の甚大さに心を痛めました。

●記者会見での一コマ

●研究大会での挨拶

関川 監査に係る会長通牒も発出されましたね。

山崎 当時、東日本の被害状況も正確に把握できず、福島原子力発電所の事故などの問題も発生しているような状況下において、監査意見の差し控えが頻発してしまうと日本経済の国際的な信頼の低下につながるおそれがありました。3月決算の期末日が近づいていることもあり、金融庁とも連携しながら、迅速な対応を採りました。

関川　私も会長通牒案の作成に関わったのですが、震災が発生した数日後には対応会議が開催され、その際に既に会長通牒のドラフトが用意されていて、素早い対応に驚いたことを覚えています。

岸田　公認会計士法改正の対応をされている最中に大震災が起こり、法改正対応と震災対応が同時並行していたわけですね。その直後に、会長解任請求とIFRSをめぐる金融担当大臣の発言が起こるわけですから、本当に目まぐるしい日々だったのではないかと想像します。

◆ 大手企業の会計不祥事について

関川　山崎さんが会長在任中に、オリンパスや大王製紙といった大手企業の会計不祥事が発生しました。公認会計士監査の信頼回復に向けて様々な取組みを進められましたが、取り組まれた事項等について教えてください。

山崎　オリンパスや大王製紙の件で一番気をつかったのが、公認会計士監査制度全体への不信感が拡大しないようにすることでした。まず、会長声明を出し、会員の方々に、改めて十分な深度ある監査を行っているかの確認を求めました。皆様もご記憶かと思いますが、オリンパスの監査を担当していたのは複数の大手の監査法人であり、監査業界への影響を考慮し、早急に協会の調査等を進めるようにしました。その結果、両監査法人の対応には、重大な法令等違反事実が認められなかったことから、協会としての処分を行わないという結論になりました。

関川　異例のことであったと思いますがこの結論を公表されましたね。

山崎　この件は、社会的関心が非常に高い事案であったことから、結論を公表しないという選択肢は考えていませんでした。公認会計士監査制度への不信拡大を防ぐ意味でも、結論を公表して正解であったと感じています。また、自分の任期中に対応を終結させたいと考えていました。

関川　この事件が一つの契機になって、不正リスク対応基準が設定されましたね。

岸田　企業会計審議会監査部会での議論の当初は不正摘発型の監査を行うといったような、監査のあり方を抜本的に見直すような議論もなされていたと記憶しています。

山崎　不正リスク対応基準の設定に当たっては、不正摘発型の監査の話も含めて、もっと厳しい基準を設定すべきだという意見もあったわけですが、実務面も考慮して、非常にバランスのとれた結論になったと思います。不正リスク対応基準に記載されている事項は、既に監査実務指針に記載されている事項が多く、一見すると変化がないように思われるかもしれませんが、不正リスクへの対応を基準として独立させ、強調したことが非常に重要であったと考えています。この不正リスク対応基準により、公認会計士が監査で不正等についてもしっかりとみていくことが徹底されることにつながったし、また、不正の兆候等があった場合の監査人の対応にも理解が得られやすくなったのではないでしょうか。

◆ 税理士法改正への対応について

岸田　公認会計士が税理士登録をするためには、法人税か所得税の税理士試験を受けなければならないといった話も山崎さんが会長のころの話ですよね。

山崎　実は、増田さんが会長のころから税理士側のいろいろな動きはあり、その都度、協会は対応していたんですよ。背景としては、公認会計士試験の合格者が急増して、その人たちが大量に税理士登録をするのではないかという、税理士側の危機感があったのではないかと思います。

関川　反対の署名活動をやりましたよね。

山崎　そうですね。幸いにも会員の方々の協力を得て、全会員の70％を超える反対署名を集めることができました。森さんが会長のときに、この問題がうまく解決できてよかったと思います。

◆ ブラジルへの赴任について

関川　山崎さんが公認会計士登録をされてから今日まで、公私問わず、印象深かった出来事などを教えてください。

山崎　若いころにブラジル・サンパウロ事務所に赴任したことを思い出しますね。当時のトーマツは、トウシュ・ロスと提携をしていたのですが、アメリカのニューヨークに独自の事務所を設置する等、国際化を推し進めていまし

た。ニューヨークの次に拠点をどこに設けるのかという検討を進める中で、香港やロンドン等の様々な候補がある中、日本企業が多く進出していたブラジルのサンパウロに拠点を設けることとなり、私が派遣されたのです。

関川　ニューヨークの次の海外拠点がブラジルというのは、私たちの世代の人間にはピンとこないのですが。

山崎　当時、日本企業のブラジル進出ブームがあり、拠点が設置されたのですが、私が赴任したころにはそのブームも終わりにさしかかっていましたので、クライアントの獲得には非常に苦労しました。

関川　若い時代に海外に行かれたことは、その後の公認会計士人生に大きな影響を与えているのでしょうか。

山崎　そのとおりですね。トーマツは国際化を推し進めている事務所だったので、海外赴任希望者が多いんですよ。ブラジルならすぐに赴任させてもらえるという話があったので、引き受けることにしたのです。ブラジルへの海外赴任を経て、国際的なバックグラウンドを持つことができたことは、自身のキャリアに大きく寄与したと感じています。

◆ 日本の代表として

岸田　様々な国際的な舞台で、日本の代表としても活躍されていますが、そのことについてもお聞かせください。

山崎　先ほどの話と少し重なりますが、IASCに日本代表として参加したときには、これほどまでにレベルの高い世界があることを知って新鮮な驚きがありました。当時、トーマツで、私はUS-GAAPの仕事をしていて、アメリカで厚みのある会計基準の議論が行われていることは知っていました。IASCでもそれと同じような議論が行われていました。アメリカだけでなく、世界中でこんなレベルの高い議論が行われているということを知り驚いたこと、そして、日本は非常に後れをとってしまっているなと感じたことを覚えています。その後、日本においてもASBJが設置され、国内の基準設定だけでなく、国際的にもしっかりとした意見発信ができるようになりました。これは大変な進歩であると感じていますし、ASBJの設立に少なからず関与した者としては感慨深いものがあります。

関川　CAPAの会長も務められました。

山崎　CAPAは難しい組織ですね。欧州ですと、欧州連合という政治的枠組みがありますが、アジア太平洋地域にはそのような枠組みはありません。各国の文化や経済発展の段階も非常に多様です。

　　　私がCAPAの会長に就任したころには、アセアン諸国がCAPAを脱退して空洞化が進んでいる状態でした。

岸田　2007年のCAPA大阪大会は、山崎さんがCAPAの会長の時のことですよね。

山崎　近畿会の方々をはじめ、様々な方にご尽力いただき、素晴らしい大会になったと思います。参加された外国の方にも評判が良かったですね。

関川　IFACの理事や指名委員会のメンバーも務められました。

山崎　IFAC指名委員会は、国際監査・保証基準審議会（IAASB）のボードメンバーなどを選任する非常に重要なポジションですね。任期が決まっているので、一人の人間が長くはやれないし、他の国もこのポジションを狙っています。私は藤沼さんから引き継ぎ、池上　玄さんにバトンタッチしました。

関川　この間に、日本人がIAASBだけでなく、倫理、教育、公会計などの他の審議会のボードメンバーに進出していきましたね。

山崎　前任の藤沼さん、後任の池上さんも同じだと思いますが、よい候補者を発掘することを含めて、協会全体として力を入れたことは確かです。

◆ 会長時代のストレス発散について

関川　会長時代は、海外への出張や様々な会議への出席等、大変お忙しかったかと思います。体調維持やストレス解消のためになさっていたことはありますでしょうか。

山崎　体調維持には節制した生活をするしかないのですが、一方、ストレスのコントロールのために、日記というかメモを書いていたことですかね。日記ですと毎日書かないとだめなので大変だと思い、自分の思い立った時にその都度の状況や自分の考えていることなど好きなことを書きました。2年半ぐらいのメモが残っています。

　　　今回のインタビューに当たってこのメモを読み返したのですが、会長時代は本当に様々な仕事をしていたのだなと改めて驚きましたよ（笑）。今は、

基本的に1日に1つの仕事しかしませんが、会長時代は1日にいくつもの仕事を同時並行でこなしていたわけですから。毎週のように出張があり、非常に忙しかったのだということを思い出しました。あまり体力に自信がある方ではないので、自己節制をして、3年間の自身の職責をしっかりと果たすという責任感があったので乗り切れたのだと思います。

関川　そういえば、お酒も乾杯のときぐらいしか召し上がっていなかったですね。

◆ 会長退任後のキャリアについて

岸田　山崎さんは、会長を退任された後も様々な分野でご活躍なさっているかと思いますが、差し支えない範囲で構いませんので、現在のキャリア等について教えてください。

山崎　今は（2018年現在）、上場企業2社の社外取締役に就任しています。この両社とも日本では数少ない指名委員会等設置会社なのです。

関川　ということは、当然ですが、監査委員会に所属されているということですか。

山崎　そうです。この、指名委員会等設置会社において、社外の監査委員が内部監査部門をどのようにリードしていくのかという点に難しさを感じています。

関川　教科書的には、監査委員会が内部監査を指揮することになりますね。

山崎　こちらに相当な知識がないと、社外の人間が内部監査部門を動かすことはできないですよ。社内から就任した監査委員の方もいらっしゃいますが、社外の人間がしっかりと関与していかないと指名委員会等設置会社は動かないので責任が重大であると感じています。

◆ 公認会計士業界へのエール

岸田　最後に、70周年を迎えるにあたり、公認会計士業界に向けてアドバイスやエールをいただけますでしょうか。

山崎　これからの将来を担う公認会計士には国際的な背景が必要であると思い

125

ます。国際的な会計基準や監査基準等の設定過程を長く見てきましたが、私がIFACの指名委員会のメンバーだったころから、監査実務などに携わる会計士が基準設定審議会の過半数を占めてはいけないということになってきています。一定の人数はグローバル・ファームの推薦で各々専門家が選ばれるので、日本からの候補者は協会の推薦枠から残り少ない議席を争うしかないわけです。日本人も、所属するグローバル・ファームのテクニカル部門で上の方に上がっていき、IASBやIAASBのメンバーにグローバル・ファームの推薦で選ばれるといった形になってほしいと思います。日本の公認会計士業界の発展のためにも、国際的な人材が多く育っていただくことを願っています。

岸田　確か、山崎さんも公認会計士制度と同じく、今年で70歳になられるのでしたね。本日はお忙しい中、ありがとうございました。今後、ますますのご活躍を期待しております。

山崎　こちらこそありがとうございました。

アジア太平洋会計士連盟の歴史

【CAPA 設立までの道のり】

　アジア太平洋会計士連盟（Confederation of Asia Pacific Accountants: CAPA）は、IFACの地域機構（RO）[1]の一つであり、2019年8月末、正会員（Member）17カ国24団体、準会員（Associate）4か国4団体から構成されている[2]。その創設は1977年のIFACの創設より1年早い1976年である。しかし、その起源はさらに20年ほど遡り、1957年11月28日から12月1日までの4日間、フィリピンのマニラで極東会計士会議（Far East Conference of Accountants）が開催されたことに始まる。日本を含む15か国・地域[3]の代表が集まり、会計教育、会計実務及び基準などについて討議を行った。この会議において、将来、極東会計士連盟を創設するアイデアがフィリピン会計士協会（現、フィリピン公認会計士協会）から示されたが、消極的な意見も多く、当面は、継続してこのような会議を開催していくことが、各国代表の間で合意された。

　1960年に第2回会議がオーストラリアのキャンベラ及びメルボルンで開催され[4]、この時に、アジア太平洋会計士会議（Asian and Pacific Accounting Convention）と名称が変更された。

　第3回会議は、1962年10月15日―19日までの5日間にわたり、東京（17日まで）と京都（18日以降）で開催された[5]。15日の東京での開会式は、上野公園内東京文化会館講堂で、高松宮殿下のご臨席と祝辞をいただき、開催されている。この時に会議名称がConference of the Asian and Pacific Accountantsに改められ、初めて"CAPA"の略称が使われた[6]。第3回会議までは、開催費用は全てホスト国が負担していたが、次回以降、ホテル代等は参加者が負担することに改められた[7]。

　1970年に第6回会議がシンガポール及びマレーシアで開催された際の代表者会議において、地域の会計職業のより効果的な協力と協調を継続的に実施する組織を設立する必要性が承認され、「常設の地域事務局の設立に関する委員会」が設立された。同委員会は、1971年10月に中間報告を作成したが、そこでは、参加団体の明確なコンセンサスは示されなかった。

　1973年に第7回会議がバンコクで開催された時には、各国代表者の間で、再び正式な地域機構を設立することへの熱意が燃え上がった。その前年に、会計職業国際協調委員会（ICCAP）[8]が創設され、会計士団体の国際組織の設立の機運が盛り上がっていたことがその背景にある。1976年の第8回香港会議までに具体的な提案をまとめることになり、1976年3月にメルボルンで主要国による代表者会議が開催さ

Column

れ、同年9月に開催された香港会議において、CAPAの設立が正式に承認された[9]。

【CAPAの組織・運営】

CAPAは設立当初より、現在まで、執行委員会（現、理事会）を中心とした無給のボランティアである加盟団体の代表により運営が行われてきている。

初期のCAPAの事務局は、1977年に香港、1980年にマニラに移転されたが、この段階では、事務局業務もボランティアで行われてきた。1985年に最初の有給の専務理事（現在は、CEOと呼称）が採用され、現在のブライアン・ブロッド氏で4人目である。事務局は1994年にクアラルンプールに移転された。事務局スタッフは、2019年現在、専務理事の他は3名だけである。

また、初期におけるCAPAの運営資金は、香港会計士会（現、香港公認会計士協会）、米国公認会計士協会、ニュージーランド会計士会（現、オーストラリア・ニュージーランド勅許会計士協会）、ピート・マーウィック・ミッチェル（現、KPMG）香港事務所などからの寄付により賄われていたが、1979年に会費制度[10]が導入された。

また、CAPAは2001年に香港で保証有限責任会社として法人化されている。

【新興国支援とADBとの協力】

CAPAは設立当初から地域内の会計士の育成・発展を主たるミッションとしてきた。その中で国際開発機関、特にアジア開発銀行（ADB）と協力関係を構築することは、理にかなったことであった。CAPAとADBの間に最初に公式な協力関係が構築されたのは、1987年に覚書（MoU）を締結した時[11]であり、ADBはCAPAが実施する会計教育マテリアルの開発にあたって資金援助を行った。それ以来、CAPAとADBは継続して密接な協力関係を維持している。

JICPAがモンゴルの支援を行ってきたことは、山本元会長へのインタビューにあるとおりであるが、そのきっかけは、1993年にモンゴル会計士協会（NAAM）がCAPAに協力を求めてコンタクトしてきたことである。CAPAはJICPAと韓国公認会計士協会（KICPA）に基礎調査とNAAMの関係構築を依頼し、その結果、JICPAは1994年と1996年に川北元会長らをモンゴルに派遣した。継続した関係構築とモンゴル会計士及び会計士協会の能力開発の結果、モンゴル公認会計士協会（MonICPA：1996年にNAAMから改組）は2000年にCAPAに加盟することとなった。

【加盟団体の変遷】

CAPAの加盟団体は、長年にわたって変遷を繰り返してきた。新加入する団体がある一方、脱退した団体も多い[12]。その中で最もインパクトがあったのは、1996年の中国公認会計士協会（CICPA）の加入であろう。CAPA及びIFACにとって、CICPAの加入は長年の課題であった。既にCAPA及びIFACには台湾の会計士協会が加盟しており、CICPAが加盟した場合、台湾の会計士協会をどう扱うかが問題であった。この問題を最終的には、IFAC及びCAPA内における台湾会計士協会の英語名称を「国」を想起させない名称に変更することで解決が図られている[13]。

CAPAは、他のIFACの地域機構に比べても地理的、文化的、経済及び会計職業の発展段階においても多様性に富んだ地域機構である。このような背景から、CAPAの特定地域内で、より小規模の会計士団体の国際組織が、その地域特有の問題に焦点を当てることを目的として形成されてきた。アセアン会計士連盟（AFA）[14] が1977年に結成され、1984年には南アジア会計士連盟（SAFA）[15] が結成された。SAFAのメンバーは、その後もCAPAのメンバーにとどまったが、AFAのメンバーは徐々にCAPAから脱退し、2019年現在、アセアン諸国でCAPAに加盟しているのは、フィリピン公認会計士協会とベトナム公認会計士協会だけとなっている。

【現在のCAPAの活動の焦点】

CAPAのミッションは、アジア太平洋地域における会計専門職の価値を強化することであり、様々な活動を行っているが、その中で、CAPAは現在、委員会を通じて以下の2つの活動に主として注力している。

1．会計専門職組織開発委員会（PAODC）

　　域内の開発途上国において会計専門職団体（PAO）の設立やその能力向上を支援する。CAPAはPAOの発展段階にかかわらず、その能力向上を支援する「成熟モデル」を開発した。このモデルでは、PAOの16の主要業務領域を定め、現在、各々の領域における詳細なマテリアルを順次開発している。

2．公的セクター財務管理委員会（PSFMC）

　　域内の国において、発生主義国際公会計基準や国際監査基準に基づく監査の導入を含む公的セクターの財務管理を改善することを支援する。CAPAは他の組織と協力の上、各国でのセミナーやワークショップの開催や刊行物の作成などを行っている。

Column

【日本人の2人のCAPA会長】

CAPAは初代会長のゴードン・マックウィニー氏（1976年―1979年、香港）から、現在まで22人が会長を務めているが、その中で日本人も2人が会長を務めている。1986年―1988年まで第5代会長を務めた川北博氏と2005年―2007年まで第16代会長を務めた山崎彰三氏である[16]。また、山崎氏の会長在任時の2007年10月3日から5日にわたり、皇太子殿下（現天皇）のご臨席とご祝辞をいただき、第17回CAPA大阪大会を開催している[17]。

CAPAは2018年のアニュアル・レビューにおいて、2018年12月9日に93歳で逝去された川北元CAPA会長に対して、"Hiroshi Kawakita-President and a Friend"と題する追悼記事を掲載している。

IASCからIASBへ
－会計基準の国際的調和化・統一化の歴史－

会計に関係する者、特に公認会計士であれば、国際財務報告基準（IFRS）の名前を知らない者は、今日ではいないであろう。しかし、その源流が1973年に設立された国際会計基準委員会（International Accounting Standards Committee: IASC）に遡ることを知っている者は少ないのではないか。

【IFRSの中にあるIAS】

IFRSは現在、IFRS財団の中に設置された国際会計基準審議会（IASB）が設定している。IFRSの基準書を見ると、IFRS第1号「IFRSの初度適用」に始まる「IFRSxx号」に加えて「IASxx号」とナンバリングされた基準が存在することがわかる。これは、2001年にIASBが活動を開始する以前に、その前身機関である国際会計基準委員会（International Accounting Standards Committee: IASC）が作成していた国際会計基準（IAS）であり、IASBは、その基準を包括的に継承している[18]。

【IASCの設立】

IASCは、1973年に、日本（JICPA）を含む9カ国の職業会計士団体により設立された[19]。本書コラム「世界会計士会議と国際会計士連盟の歴史」（77ページ）に記したように、国際会計士連盟（IFAC）の設立は1977年のことであり、IASCが先行して設立されている。この背景には、国際間の取引及び多国籍企業の発展によって、国際的に認められた会計基準の必要が増大していたこと、それにも関わらず、会計

士が国際会計基準の設定という課題に積極的な対処しなければ、政府の介入を招き、会計基準設定における会計士の主導的地位が損なわれるとの、英国、米国、カナダなどの[20] 会計士の危機感があったものと思われる。

当初は、設立9カ国だけが、IASCの正会員として審議に参加でき、それ以外の国の会計士団体は、準会員として審議への参加が制約されていた。1977年のIFAC設立に伴う定款変更により、正会員と準会員に分かれていた全ての加盟団体を同じく会員とし、設立9カ国（従来の正会員）とそれ以外の国から選ばれた2カ国を加えた11カ国で理事会（Board）を構成し、IASCの運営を理事会が担う改正を行った。

IFACとIASCの連携強化はその後も検討が続けられ、1982年にIASCとIFACは協約書を締結し、IFACの加盟団体が自動的にIASCの加盟団体となり、IFACがIASCの予算の10％を拠出することとされた。また、理事会のメンバーを最大17カ国・団体とし、うち、13カ国[21] はIFACの理事会の推薦する職業会計士団体の代表により、4団体までは、IASC理事会が参加を求める財務報告に関心を有する団体とされた[22]。

JICPAは、当初IASCの設立に必ずしも積極的にかかわったわけではなく、例えば、IASCの設立に係る第2回準備会合（1973年3月）に招待されているが、商法改正問題への対応に忙しかったことを理由に、代表者を送っていない[23]。しかし、IASCの設立にJICPAが参加したことは、その後のIASCの活動が設立国にいわば「特権」を与える形で進んだことを考えると、日本が会計基準の国際化に主体的にかかわることを可能にした「英断」であったと思われる。

【IOSCOの関与とE32「比較可能性プロジェクト」】

1980年代までのIASCの活動とIASの認知度はそれほど高いものではなかったが、その理由として、以下の点が挙げられる。

・IASCが各国の会計士団体からなる組織であり、各国にIASを適用させるためのメカニズムを欠いていた。
・各国で許容されていた会計処理を許容しがちで、単一の経済事象において複数の会計処理を認めているケースが多かった[24]。

このような状態であったIASが認知度を増すきっかけが、証券監督者国際機構（IOSCO）[25] が、国境を越えた資金調達に適用する会計基準としてIASを利用できないかと検討し始めたことによる。自国の投資家保護を前提とすれば、資金調達国の会計基準に従った財務情報の開示を求めることが考えられるが、多国間で資金調達

Column

を行う場合、国の数だけ財務諸表を作成し直すことは現実的ではない[26]。IOSCOは、1987年6月、IASCの諮問グループに参加し、IASCはIOSCOの支援の下、それまでに公表されていたIASにあった、自由に選択可能な複数の会計処理を可能な限り除去し、財務諸表の比較可能性を高めることを目的とした「財務諸表の比較可能性プロジェクト」を開始し、1989年1月に公開草案第32号（E32）「財務諸表の比較可能性」を公表した。E32は、13のIASに変更を加える大規模な改訂案であり、また、それまで、「机上の基準」であったIASが、IOSCOの支援の下、適用される現実性を強く帯びてきたため、大きな注目を浴びた。IASCは、1990年7月には、E32の改訂提案の一部を修正した「趣旨書（Statement of Contents）」公表し、この趣旨書に沿った改訂内容に基づいて、IASの具体的改訂作業が進められ、1993年11月に、10のIASを一括して変更する決定を行い[27]、「財務諸表の比較可能性プロジェクト」は終了した。

【白鳥議長とコア・スタンダード】

「財務諸表の比較可能性プロジェクト」が進行する中、1993年1月に第9代議長に日本人として初めて就任したのが白鳥栄一氏である[28]。

IASCは、「財務諸表の比較可能性プロジェクト」の終了により、IOSCOがIAS全体への支持表明などの何らかの形での意思表示を行い、それによりIASの利用が進むことを期待していた。しかし、IOSCOは、1993年6月、国際的な資金調達で用いられる財務諸表を作成する際に適用されるべき中核かつ包括的な会計基準のリストを「コア・スタンダード」として決定し、IASCがこれを完成させた暁に、コア・スタンダードを構成するIASを一括承認する意向を表明した[29]。

1995年7月、IASCとIOSCOは、コア・スタンダード作りに関して最終的な合意に達し[30]、IASCは、IASの見直しを1999年6月までに完了させる作業計画を立てた。IASCによるコア・スタンダード作成作業は1998年12月に実質的に完了し、IOSCOは2000年5月にメンバーである各国証券規制当局に対して、「外国企業が行う資金調達に関してコア・スタンダードであるIASC2000年基準書を適用した財務諸表を受け入れることを勧告」する決議を採択した。これにより、IASが多国間資金調達の場で実際に利用されることが可能になったが、実際にIAS（IFRS）が適用され始めるのは、2005年に欧州連合が域内市場で上場する企業の連結財務諸表にIFRSの適用を強制してからである。2003年1月にIASCの後継機関であるIASBが「IASの改善プロジェクト」により、IASC2000年基準書をさらに大きく改訂しており、「IASC2000年基準書」は実際には「適用されなかった会計基準」であるといえるが、この基準

の完成に向けた関係者の努力が、IASの高品質化に大きく貢献し、「IFRSの時代」
に向けた助走期間になったのは、間違いないであろう。

【IASBの誕生】

コア・スタンダードの完成途上であった1997年7月、IASC理事会は今後のIASC
の戦略と組織の在り方を検討する戦略作業部会（SWP）[31]を設置した。SWPは、
1998年12月に「IASCの将来像」と題するディスカッション・ペーパーを公表した。
IASCの将来像では、経済的意思決定に役立つ質の高い、透明で、比較可能な会計
情報を提供するためには、各国会計基準とIASが質の高い解決策へ向けて収斂
（Converge）することが必要であるとし、IASCは各国の会計基準設定主体と共同し
て緊密に作業にあたるべきとしていた[32]。また、新しい国際基準設定主体の構造と
して、基準の作成作業に従事する専門性の高い基準開発委員会と基準開発委員会の
作成した公開草案及び基準の最終承認を行う理事会（各国の職業会計士団体から
20、その他の機関から5で構成される）の二院制の構造が提案されていた。また、
11名から成る基準開発委員会の多数は、主要国の基準設定主体に属し、それらの基
準設定主体との共同作業を強く意識した形となっていた[33]。

「IASCの将来像」には86のコメントが寄せられたが、一方、1999年7月にIASC
の議長と事務総長の連名で新しい提案がなされた[34]。この提案では、「IASCの将来
像」での二院制の構造に変えて、審議会（Board）だけの一院制構造にしている点、
審議会のメンバーは個人として任命され、14名中12名が常勤とされることが最大の
特徴であった[35]。SWPは、新提案に沿って1999年11月最終報告書「IASCの将来像
への勧告」を公表した。この勧告に沿って、IASBとその運営組織であるIASC財団
（現、IFRS財団）の設立が進められた。2001年1月にIASCは28年間にわたる活動
を終え、2001年4月にIASBは活動を開始した。

【調和化から収斂、そして採用へ】

IASCはその目標として、各国の会計基準の「調和化（Harmonization）」を掲げ
ていた。それに対して、IASBは、設立当初、各国会計基準の「収斂（Convergence）」
を掲げていた。「調和化」が既存の差異を極力縮小させていく試みであるのに対して、
「収斂」は、各国の基準と国際基準がより高品質なものを目指して統合していくプ
ロセスとされている。但し、近年、IASB及びIFRS財団は会計基準の収斂ではなく、
IFRSの「採用（Adoption）」を全面に押し出すことが増えている。「単一」、「高品質」
かつ「受け入れ可能」なグローバル基準を作成し、それを各国が採用していく、と

133

Column

いう風に国際基準と国内基準との関係を巡る動きが大きく変化したことを感じさせる。

IASCが設立されてから、実質的にIFRS（IAS）が適用されるようになるまで、30年以上の年月がかかっており、その設定の在り方やIFRS（IAS）の位置付けも時代により変遷を続けている。米国が依然としてIFRSの適用に慎重な姿勢を崩さないなか、会計基準の国際的な設定と作成された基準の適用を巡る動きからは、今後も目が離せないであろう。

脚注

1) IFACのROは、2019年10月末現在、CAPAに加えて、欧州会計士連盟、米州会計士連盟、汎アフリカ会計士連盟の4つ存在する。なお、IFACにはROの他にそれより小規模の「認知された会計専門職グループ（Acknowledged Accountancy Group: AAG）」というカテゴリがあり、2019年10月末現在、6つのAAGが存在する。現在、IFACはこのような地域連合的な会計士団体との関係の枠組みを再検討中であり、既存のRO4団体に対して、既得権として特別の地位を維持した上で、RO、AG及びその他の協力組織は、すべてIFACネットワーク・パートナーとしてIFACと協力関係に関する覚書を締結する仕組みとする方向で検討が進められている。（「IFAC理事会ニューヨーク会議報告」染葉真史（会計・監査ジャーナル2019年9月号））

2) それ以外に、英国の会計士協会4団体、フランスの会計士協会の連合組織1団体が、CAPAの域外の会計士団体として賛助団体（Affiliate）となっている。

3) オーストラリア、香港、インド、インドネシア、日本、韓国、マラヤ、ニュージーランド、北ブルネイ、パキスタン、サラワク、台湾、タイ、フィリピン、ベトナム。また、英国とオランダがオブザーバーとして参加。マラヤ、北ブルネイ、サラワクは1963年に「マレーシア」となる。CAPAはこの会議をもって、第1回CAPA会議としている。なお、JICPAは5名の代表を派遣した。（『公認会計士制度25年史』、JICPA、486ページ）

4) 米国、セイロン（現、スリランカ）、シンガポールが参加。

5) カナダとビルマ（現、ミャンマー）が参加。

6) 但し、最初の"C"は現在の"Confederation"ではなく、"Conference"であった。その名称が示すように、CAPAは1976年の結成までは、組織体ではなく、数年おきに開催される「会議」であった。

7) JICPAは、会議開催費用に充てるため、1年間月額500円の臨時会費を徴収している。当時、会員数が千人を超えたばかりのJICPAにとって、少なくない財政負担であったと思われる。

8) この委員会が国際会計士連盟の設立母体となった。

9) 1976年設立当時のCAPA加盟国（地域）は、オーストラリア、香港、インド、日本、ニュージーランド、シンガポール、米国（以上、執行委員会メンバー）、バングラデシュ、ビルマ、カナダ、台湾、フィージー、インドネシア、韓国、レバノン、マレーシア、パキスタン、フィリピン、スリランカ、タイ、西サモアの21カ国（地域）であった。

10) 1979年導入時は、各団体一律400ドルであった。その後、1983年に団体の規模に応じた会費制度に変更されるなど、数次にわたる変更が行われ、2007年に会費分担の原則が定められ、現在に至っている。

11) 当時のCAPA会長はJICPA元会長の川北氏である。ADBは1966年の設立。日本は米国とともに最大の出資国であり、設立以来、総裁を日本人（通常、大蔵省（財務省）OB）が務めるなど、日本、特に大蔵省（財務省）の影響力の強い機関である。CAPAとADBの関係強化に当たってJICPAは

大きな役割を果たした。

12) 例えば、設立以来の加盟団体であったAICPAは、1996年に一度脱退した後、2007年に再加盟している。

13) 台湾は、1996年当時、CAPAの理事国であったが、CICPAの加入後に行われた選挙で理事に選出されなかった。翌1997年にCICPAはCAPAの理事に選出され、現在まで理事のポジションを維持している。CICPAは、1997年にIFACに加盟した。また、現在、台湾はCAPAには加盟していないが、IFACには加盟を継続している。

14) 設立時は当時のアセアン加盟5カ国（インドネシア、マレーシア、フィリピン、シンガポール、タイ）の会計士団体から構成された。その後、アセアン加盟国の拡大もあり、アセアン加盟全10カ国の会計士団体から構成されるに至った。JICPAは2015年12月に準会員（Associate Member）としてAFAに加入した。なお、AFAは2019年10月現在、IFACのROでもAAGでもないが、今後IFACのネットワーク・パートナーとなることが予定されている。

15) バングラデシュ、インド、パキスタン、スリランカの4カ国で結成。その後、ネパール、アフガニスタン（準会員）が参加している。なお、SAFAはIFACのAAGである。

16) 川北氏は、1981年―1985年、山崎氏は、2010年―2013年まで、いずれもJICPA会長を務めている。山崎元会長のインタビュー記事では紙面の関係もあって、CAPA会長時代の話にはほとんど触れていないが、山崎氏がCAPA会長を務めた当時は、IFACの会員団体の義務の遵守状況のレビューするコンプライアンス・プログラムへの対応支援や、IASBが取り組んでいた中小企業向け国際財務報告基準に対する対応、会費制度の見直しなどに取り組んでいる。

17) JICPAの研究大会を兼ねて開催された。

18) 2019年版IFRS基準に含められている「基準」のうち、IFRSが16に対して、IASは25であり、現在のIFRSが依然として、IASCの28年間の活動に深く依拠していることがわかる。

19) 米国、英国（アイルランドを含む）、カナダ、オーストラリア、フランス、西ドイツ、オランダ、メキシコ、日本の9カ国の職業会計士団体により結成された。先進国の職業会計士団体のみで結成された理由は、構成国を絞り、審議の迅速性を図る目的があったとされる。なお、1973年は米国で財務会計基準審議会（Financial Accounting Standards Board: FASB）が設立された年でもある。

20) この3カ国の会計士5団体が1966年に結成した「会計士国際研究グループ」がIASC結成の推進母体とされている。

21) 最低9カ国は先進国（会計職業が高度に発展している国又は国際的な商業と貿易において非常に重要である国、但し、1987年までは設立9カ国とする）、最低3カ国は発展途上国とすることとされた。

22) 財務アナリスト協会国際調整委員会などが、実際にIASCの理事会メンバーとなった。

23) 『公認会計士制度35年史―最近の10年―』、JICPA、240ページ。

24) IASCが構成する各国で許容されている会計処理を複数認めていた背景には、IASCの会員団体は、IASCが公表するIASを国内で適用させることなどに関して、「最善の努力を払う」ことが義務付けられており、それがIASCの（理事会）メンバーに非常に重く受け止められていたことがあると思われる。IOSCOの支援の下に実施された「財務諸表の比較可能性プロジェクト」では、多国間資金調達の場で用いられる会計基準としてのIASの側面が強くなった。いわば、利用局面が明確になることにより、IASで定める単一の会計処理が自国の基準と異なる部分があったとしても、各国の会計士団体が賛成しやすくなった側面があるように思われる。但し、IASCの目的は単に多国間資金調達の場に使われる会計基準の開発に留まるものではなく、各国の会計基準の調和化を進めるものであることは、依然として強く意識されており、JICPAの代表者が「財務諸表の比較可能性プロジェクト」において、最終的に反対票を投じた背景でもあったと思われる。

135

Column

25) 1974年に創設された米州の協力機関が1983年に改組されてグローバル組織となった。日本からは大蔵省証券局が正会員として参加していたが、証券行政が金融庁に移管されたことにより、現在は金融庁が正会員となっている。

26) 1980年代後半において、米国のみが、自国内で資金調達（上場等）を行う外国企業に対して、米国基準による財務諸表の作成（又は米国基準への調整表の作成）を要求し、他の国は、企業の所在国の会計基準による財務諸表の作成を容認していた。言い換えれば、世界最大の資本市場を持つ米国のみが、外国企業に対して自国基準の適用を要求し、他の国は、会計基準の相違にはいわば「目をつぶって」外国企業を資本市場に誘致してきたと言える。

27) ノルウェーのオスロで開催された理事会において、賛成13、反対1（日本）であった。但し、この会議以前に各IASの修正内容は固まっており、この投票は最終確認の意味合いが強い。

28) 1995年6月まで。なお、白鳥議長の下で開催された初のIASC理事会は1993年3月に東京で開催されている。

29) 1994年6月にIOSCOはIASCに充てて書簡を送り、「最終的にIOSCOがIASを是認するかどうかは、IOSCOが必要と考えるコア・スタンダードをIASが網羅しているか否かを総体的に評価して決める」と述べた。なお、このレターは白鳥IASC議長宛に送られたことから、関係者の間では「白鳥レター」と呼ばれていた。

30) コア・スタンダードの中には、当時、世界中の多くの国で会計基準として確定していないものが含まれるなど、IASCにとって非常にハードルが高いものであった。

31) 14名の委員からなり、日本からは関西学院大学教授（当時）の平松一夫氏が参加した。

32) 本提案がIASCと各国基準設定主体の共同作業を提案していることが、当時の日本の基準設定の在り方の議論にも大きな影響を与えることになった。当時の日本の会計基準設定主体であった企業会計審議会では、このような共同作業に対応する体制を採ることができないと考えられ、企業会計基準委員会（ASBJ）の設立へと繋がっていった。

33) IASCでは、それまで、起草委員会が基準書のドラフティングを行っており、「IASCの将来像」での提案は、現状のIASCのガバナンスを基本的に踏襲しつつ、従前の起草委員会を基準開発委員会と名称を変えた上で、強化する提案であった。

34) 米国FASBが1999年1月に公表した「国際会計基準の設定：将来へのビジョン」と1993年3月にFASBがSWPに提出したコメント・レターに影響されたといわれている。端的に言って、米国の主張する外部から独立した少数のエキスパートが基準を設定するFASBモデルか、多くの国の代表が「折り合い」をつけながら基準を設定するそれまでのIASCモデルかの基本的な考え方の相違であったと考えらえる。米国SECが世界最大の資本市場である米国でのIAS使用を認めない限り、IASの利用が進まないとの現実的な判断の下、当時のIASC議長などが米国SECと交渉すすめ、妥協点として、FASBモデルに近い案でIASBが設立されることになったと考えられる。

35) 現在のIFRS財団の定款と異なり、IASB設立当初は、メンバーの専門的バックグラウンドの配分は定められたものの、地理的配分は定められていなかった。しかし、IASBの理事会メンバー14名中7名は、IASBと共同作業を行う各国会計基準設定主体のリエゾン・メンバーとされ、実質的には、一定の地理的配分が行われる仕組みになっていたと見ることもできる。日本からは山田辰己氏が、IASB理事に選出され、日本のリエゾン・メンバーとされた。

Episode 06

日本公認会計士協会 相談役
森　公高 氏

■ インタビュアー

機関誌編集委員会 編集員
梅谷正樹 氏

日本公認会計士協会 主任研究員
関川　正 氏

Episode 06

公認会計士が貢献できる分野は、まだまだ多いと思います。

在任中の出来事

	会計・監査に関連する事象	世相
2013年	11月・金融庁・日本取引所グループ主催「国際カンファレンス「アジアの取引所の未来」」を開催	7月・TPP交渉に日本が参加 12月・特定秘密保護法が成立 ■今年の漢字第1位「輪」：東北復興の支援の「輪」が広がった年
2014年	2月・会社法改正（会計監査人の選解任に関する議案の決定権を監査役等に） ・金融庁「日本版スチュワードシップ・コード」公表 4月・EU監査改革（監査事務所の強制ローテーションなど）に関する法案等成立 11月・第19回世界会計士会議（ローマ）開催	2月・第22回オリンピック冬季競技大会（ソチ）開催 4月・消費税8％に増税 ■今年の漢字第1位「税」：17年振り消費税率引上げ、「税」に関する話題が政財界で多く取り沙汰された年
2015年	5月・東芝が不正会計に関する第三者委員会設置を発表 ・東京証券取引所「コーポレートガバナンス・コード」公表 12月・金融庁 東芝事件に関連して新日本有限責任監査法人に対して行政処分	4月・米・キューバ首脳が1961年以来の会談 9月・安全保障関連法が成立 10月・マイナンバー法施行 ■今年の漢字第1位「安」：安全保障関連法や建築偽装問題など暮らしの「安」が揺らいだ年
2016年	3月・金融庁「「会計監査の在り方に関する懇談会」提言―会計監査の信頼性確保のために―」を公表	4月・熊本県で震度6強の地震発生 ・極秘文書「パナマ文書」流出 5月・オバマ米大統領が広島を訪問 6月・イギリス、国民投票でEU離脱支持派が勝利

●年表内の「今年の漢字®」は（公財）日本漢字能力検定協会の登録商標です。

森 公高 氏

◆ 会務に携わるキッカケ

梅谷 森さんは、協会の会長となる前から、長く協会の役員として会務に携わってこられましたが、会務に携わることとなったキッカケを教えてください。

森 私は、公認会計士試験（当時の二次試験）に合格し、1980年4月に新和監査法人（現「有限責任 あずさ監査法人」）に入所したわけですが、実は、この監査法人の理事長が協会元会長の井口太郎さんでした。また、配属された部署の上司であった中嶋敬雄さんも、協会の常務理事や副会長を歴任されました。このように、協会の会務に積極的に携わるという新和監査法人の社風が、私が会務に携わることになる一つのキッカケであったと感じています。

梅谷 協会自体が非常に身近な存在であったのですね。

森 そのとおりです。ただ、監査法人に入所してしばらくは、会務に携わることはなく、現場の仕事を中心にキャリアを積んでいました。

　バブル崩壊に伴う金融機関の破綻の問題が浮上していた1995年に、銀行等監査特別委員会資産査定マニュアル作業部会の部会員に就任しましたが、これが、私の初めての会務とのかかわりとなります。

　当時、私は、監査法人で都市銀行の監査を担当していて、金融監督庁（現「金融庁」）で「金融検査マニュアル」の検討会の委員を務めていました。

関川 森さんは、その後、あずさ監査法人で金融部門の責任者に就任されるわけですが、若いころから金融機関の監査を中心にキャリアを積まれていたのでしょうか。

森 そんなことはなく、若いころは、建設業、百貨店、鉱業、レジャー産業などの様々な業種の監査に従事していました。2004年だったと思いますが、監査法人の組織改革で、事業部別の体制となりました。金融には法規制の問題があるため、その規制にしっかり対応するために金融本部を設置しました。私は、確か、初代の金融本部長だったと思います。

◆ 学校法人担当常務理事として

関川 森さんは2001年から、3期にわたって常務理事に就任し、1期の副会長を経て会長に就任されました。2001年に最初に常務理事に就任した際は、学

139

Episode | 06

校法人担当だったとうかがっています。実務でも学校法人の監査に多く従事
されていたのでしょうか。

森 いいえ。駆出しのころに少し携わった経験がある程度で、学校法人の会計
や監査に詳しいわけではありませんでした。

関川 ほとんど経験のない分野の担当常務理事を担当されたことについて、率
直な感想をお聞かせください。

森 奥山会長から学校法人の常務理事の就任を打診されて、当初は戸惑ったこ
とを覚えています。当時は、理事を1期経験してから常務理事に就任するこ
とが多かったのですが、最初から常務理事ということもあり、協会の担当常
務理事としての職務を全うできるか不安に感じていました。しかし、奥山会
長から、「知識がなくてもいいのだよ。勉強すればいいじゃないか」とおっ
しゃっていただきました。

　奥山会長がおっしゃるとおり、委員会には専門の方が多くいらっしゃるの
で、その方々から教わりながら職務を全うしようと考え、お引受けすること
にしました。結果として、大変面白く、私自身のキャリアにプラスになる経
験であったと感じています。

梅谷 学校法人担当常務理事に就任されていた時代に、興味深い思い出などは
ありますでしょうか。

森 当時は、少子高齢化が進む中、学校法人も経営が難しくなるところもあり、
学校法人の経営破綻の懸念も出てきていました。破綻する可能性のある学校
法人を吸収合併する学校法人の会計処理等について、文部科学省の担当部局
に出向いて折衝を行ったことが思い出されます。

　学校法人の計算書類には基本金という項目（企業の資本金に該当）がある
わけですが、学校法人は一般の営利企業と違って、事業の転換は前提として
いない仕組みとなっていました。

　そのため、学校法人同士が合併する際に、この基本金も全部引き継がなけ
ればならないということになっていました。

梅谷 破綻寸前の学校法人の劣化した基本金を引き継がなくてはならないとい
うことですね。

森 当時、私は、M＆A関係の業務にも携わっていたので、「資本金を全部引
き継ぐ買収はありませんよ」という話をしたところ、文部科学省の方から、

「学校法人はそういうものではない。国の教育というのは、拡大することがあっても縮小するということはあり得ない」と言われました。

私立学校で基本金が減るということは、教育の規模が小さくなるということを意味しており、そういったことはあり得ないという話だったのですが、これはとても衝撃的でした。

統合や合併では、受け入れる側の法人の立場も考慮する必要があります。統合や合併に際して補助金が交付されるわけですが、国が全て補てんしてくれるわけではありません。基本金を引き継ぐこととなると、合併後の学校法人の経営を成り立たせていくためには、非常に高い収益を上げることが求められることになります。

その後、文部科学省に何度も出向き、「その方法では、学校法人の再編はできません」ということをお伝えしていった結果、基本金は縮小できることとなったのです。

梅谷　基本金を減らしてはいけないという仕組みに一石を投じられたのですね。これはすごいことですね。

森　学校法人に詳しくなかったからこそできたのかもしれませんね（笑）。

関川　森さんが会長時代に、社会福祉法人や医療法人への会計監査導入が課題になりましたが、その対応にも、この経験が生きているのでしょうか。

森　そのとおりです。世の中に多くの非営利の組織が存在し、社会を支えていることを強く認識できたことは大きかったと思います。

私が、会長に就任した際に、我々公認会計士が社会から求められているのは、資本市場の情報の信頼性の確保だけではなく、公的分野や非営利分野なども含めた社会的なインフラを支えることであるという思いを強く持ちました。それで、社会福祉法人や医療法人への会計監査導入を強く推し進めていこうということになったわけです。

◆ 会長への立候補に当たっての決意

梅谷　2013年にいよいよ会長になられるわけですが、会長への立候補を決めた際の率直な思いを教えてください。

森　役員選挙への立候補は1月ごろですが、通常、会長に立候補する方はその

大分前から準備を行っています。しかし、私が会長への立候補を具体的に考え始めたのは、実は、その前年の11月ごろでした。

関川　急な形で会長への立候補を決められたわけですが、常務理事や副会長を務められる中で、いつかは会長に就任したいというお気持ちはあったのでしょうか。

森　そうです。個人的には、監査法人の仕事にも、とても魅力を感じていましたが、もし、機会をいただけるのであれば、会長として業界を引っ張っていきたいという気持ちは持っていました。

　ただ、当初は、今回、会長にということはあまり考えておらず、周りからの薦めもあって急に立候補を決めました。立候補したときは心の準備はあまりできていなかったというのが正直なところでした。

　しかし、長く会務に携わっていたので、協会の存在意義、社会的役割、そして、協会が今後どのようなことを遂行していかなければならないかは十分に理解していたつもりですし、副会長として山崎会長を補佐しながら会務を運営してきましたので、会長にすぐに就任しても準備不足ということはないと考えてはいました。

◆ タグラインについて

梅谷　会長に就任されて協会のタグラインを「Engage in the Public Interest」に変更されました。このタグラインに込められた思いをお聞かせいただけますでしょうか。

森　実は、山崎会長の時代に、タグラインの変更を広報委員会が中心となって検討をしていました。候補が3つほど決まっていて、その候補から決めるという段取りとなっていました。広報委員会から次期会長にタグラインを決めてほしいと要請があり、候補の中から決めようと思ったのですが、決め手に欠けてしまいまして、山崎会長から促されたこともあり、候補を白紙に戻して、一から自分で決めることにしました。

梅谷　候補には堅苦しいものが多かったのでしょうか。

森　堅苦しいものもありましたね。また、アドバイザリー業務に焦点を当てたようなものもありました。公認会計士は、社会から幅広い分野での活躍が期

待されていることから、業務の一部に焦点を当てる言葉は十分でないと感じたわけです。

　また、先ほどお話したとおり、学校法人を常務理事として担当した経験から、公認会計士は社会のインフラを担っているということを意識していましたので、これを前面に出す必要があると感じていました。その思いから、「Engage in the Public Interest」にしたわけです。

関川　森会長の時代からタグラインを強調するようになって、タグラインがとても身近なものになったと感じます。

森　一言であるべき姿を示すことで、組織そのものにまとまりができてくると感じています。これは、一般の企業も同じだと思います。行動指針と銘打って10箇条くらい並べたとしても誰も読まないわけですよ。

● タグライン

梅谷　確かに、読まないです。本当に一言で表現することは大事だと思います。

森　そのとおりです。シンプル・イズ・ザ・ベストということだと思います。

◆ 税理士法改正問題への対応

関川　会長に就任してすぐに、税理士法改正問題への対応を迫られることになったと思います。いろいろとご苦労された点もあったかと思いますが、その点についてお聞かせいただけますか。

森　日本税理士会連合会は、公認会計士が税理士登録するに当たって、税理士試験を受験する必要があるといった主張をされていましたが、グローバルでは税務も含めた会計についてのサービスを公認会計士が提供することは当たり前でありました。つまり、グローバルの流れに逆行するような法改正がなされようとしていたわけです。これには、大変な危機感を覚えたことを記憶しています。

　協会は、新聞に意見広告を掲載するなど、迅速に対応を行いました。会員・準会員をはじめとして様々な方のご協力によりまして、この問題を解決に導

くことができてほっと胸をなでおろしました。

関川　この税理士法改正問題は、現状制度の小幅な改善という結末となりました。これは、公認会計士業界にとって大変に画期的なことであったように思いますがいかがでしょうか。

森　公認会計士制度の前身である計理士制度においても、税務に関する業務が計理士の主たる業務でしたし、公認会計士制度創設当初から公認会計士は税務業務を実施する能力があるものとして認められてきました。また、現行の公認会計士試験でも租税法の体系的な理解が問われるとともに、実務補習による税務実務科目の履修と協会が実施する修了考査においても税に関する理論及び実務能力を確認しています。

　　日本税理士会連合会をはじめ、法改正の関係者の方々にもこの点をご理解いただいたと考えています。その結果、現状の制度改善という結末となったということですので、おっしゃるとおり画期的な出来事であったと思います。

関川　この件について、臨時理事会を開催し、協会としての意見の取りまとめをなされましたが、この狙いは何だったのでしょうか。

森　協会には地域会があり、各地域会に多くの会員が所属しています。協会が様々な意見を強く発信していくには、会員の支持が必要不可欠となります。税理士法改正問題に対する意見を発信していくに当たって、発信する意見に会員の強い支持があるのだということを明確に示す必要がありました。

　　この臨時理事会での決議があったからこそ、例えば、国会議員への説明でも、この意見は会長一人の意見ではなく、協会の総意であると受け止めていただけたわけです。

◆ 大企業による会計不祥事への対応

関川　森さんが会長の時代に、大企業による会計不祥事の問題が発生しました。公認会計士監査の信頼回復に向けた様々な取組みを行われたと思いますが、取組みをされているときにお感じなったことなどをお聞かせください。

森　協会には監査業務審査会という組織があり、個々の企業の会計や監査の情報収集を日々行っているわけですが、この件についても報道等を基に独自に情報を収集していました。最初に情報をキャッチした際は、これほど大きな

事態になるという印象は持っていなかったのですが、2015年5月に第三者委員会が設置されたあたりで、簡単な話ではないという認識を持ちました。

関川 その後、7月に、この件について協会が調査を行っている旨を公表されましたね。

森 この件については、規制当局が全力を挙げて調査を実施していたわけですが、協会もこれに遅れることなく対応を開始しました。協会は、公認会計士法によって、会員の指導、連絡及び監督に関する事務や公認会計士の登録に関する事務を行うことを目的に設立された自主規制機関です。

　この自主規制機関としての機能に疑念が生じるということは、協会の存在自体が危ぶまれ、公認会計士監査の信頼が崩れるということになりますので、非常に強い危機感を持って本件に臨んだことを覚えています。

梅谷 規制当局が調査を実施している最中に、協会も同じ案件について調査を実施されたわけですが、協会はどのような体制で調査を進めたのでしょうか。

森 本件の調査に当たって、特別チームを編成しました。また、この調査を担当する専属の事務局スタッフも配置し、万全の態勢で調査に臨みました。

関川 その後、会長通牒の発出や監査提言集特別版の公表、特別研修などを実施されましたね。

森 本件が公認会計士監査全体の不信につながってしまうことに大変大きな危機感を抱いていました。ですので、本件の調査にある程度の区切りがついた段階で、監査手続で足りなかった点や公認会計士がプロフェッショナルとして持っておくべき視点は何かといったところを、監査業務審査会で検討してもらい、その結果を監査提言集特別版として公表したのです。

　また、資本市場の信頼性を守るためには、上場会社の監査人全てにこれを周知・徹底する必要があったので、会長通牒を発出するとともに、緊急の全国研修会も開催しました。

関川 その後、特別レビューをすぐに実施されましたね。

森 特別レビューは、当時、上場会社監査事務所名簿に登録されていた156事務所全てを対象に実施しました。全ての事務所へ質問状を送付し、その回答を精査し、必要に応じて監査事務所に往査したケースもありました。

　なぜこのような特別レビューに協力しなくてはならないのだ、個別の問題であり、我々には関係ないのではないかといった意見もありましたが、結果

として、全事務所に全面的に協力をいただきました。

　この特別レビューを実施することによって、資本市場全体の信頼性を確保するために、当時の状況下で協会としてできる最大限の対応は実施できたと考えています。

◆「会計監査の在り方に関する懇談会」について

関川　本件への対応と並行して、金融庁に「会計監査の在り方に関する懇談会」（以下「懇談会」といいます。）が設置され、森さんもメンバーとして参加されていました。この懇談会では、かなりの短期間に集中的に議論されたとおうかがいしています。この懇談会は非公開で実施されましたよね。

森　そうですね。企業会計審議会などの会議は公開されているわけですが、この懇談会は非公開で実施されました。非公開の方が忌憚のない意見が出るだろうという配慮があったのではないかと思います。

梅谷　この懇談会の議論に参加された中で特に感じた点を教えていただけますか。

森　懇談会では、監査の強化に向けて様々な検討を行い、その結果を提言として公表したわけですが、これは、資本市場へのメッセージにもなったと思います。

　市場全体における監査の品質を持続的に向上させていくためには、監査法人のみではなく、企業や株主、規制当局が一体となって取り組む必要があるのだということをステークホルダーにしっかりとご理解いただけたのではないでしょうか。

関川　懇談会提言で言及されていた、監査法人のガバナンス・コードが2017年3月に公表されました。また、企業会計審議会の監査部会では、KAM（監査報告書の長文化）についての議論が進められ、公開草案も公表されました。懇談会提言で示された事項が、徐々に具体化してきているように見受けられます。

森　懇談会から2年も経過したのだとしみじみと感じます。制度化には一定の時間がかかるので、すぐに全てが具体化されるわけではありませんが、しっかりと前進していると思います。

関川　懇談会の議論の中で、提言に「この項目は必ず入れていただきたい」というように、森さんから強く主張された点はあるのでしょうか。

森　大企業による会計不祥事を契機に監査業界を強化したいという思いがありました。以前から、監査法人は各々が組織を強化し監査の品質を向上させるように努力してきたわけですが、これを一般社会にうまく説明できていなかったと感じています。

そのような中で、資本市場では透明性の確保が進められており、例えば、コーポレートガバナンス・コードやスチュワードシップ・コードが制定されました。スチュワードシップ・コードにより企業と機関投資家との対話が促進され、コーポレートガバナンス・コードにより企業の資本市場に対する責任が明確化されました。これらのコードの策定により、透明性や説明責任が明確になったわけですが、資本市場の一翼を担う監査においては、監査法人という組織がなかなか理解されておらず、監査報告書から監査業務でどのようなことを行っているのか、うかがい知ることができない状況となっていました。監査は国家資格を持つ専門家が行うのだから透明性は不要だといったご意見もありますが、資本市場には不特定多数の利害関係者が参加するわけですから、監査においても透明性を確保すること

● 受験予備校での講義

● 実務補習所での講義

とは、大変重要なことです。ですので、監査法人自体の透明性の強化、そして、監査業務自体の透明性の強化の必要性を強く主張しました。

関川　監査の透明化に関連して、懇談会の提言にも出ていた監査の品質指標に関して、先日、協会から研究報告の公開草案が公表されています。懇談会での提言が一つ一つ具体化してきているのかなと思います。

Episode | 06

◆ 金融商品取引法と会社法の開示・監査の一元化について

関川 森さんが会長に就任されて1年後の2014年7月に、開示・監査制度一元化検討のプロジェクトチームを設置されました。このプロジェクトチームを設置された思いをお聞かせください。

森 皆さんご承知のとおり、決算短信、事業報告等、有価証券報告書という3つの開示制度があるわけですが、この3つの開示がどのような位置付けのものであるかを市場の中で明確に共有すべきという思いを持っておりました。

　決算短信は、企業が信頼性ある情報として公表するわけですが、会計監査を受けたものではないことは明確にすべきであるし、会社法と金融商品取引法の開示制度は重複するものが多く、整理する必要があると考えています。また、投資家との対話を図る上で、制度そのものを投資家との対話が促進されるように設計しなくてはなりません。そのためには、株主総会の分散化も必要となります。こういったことをしっかりと内外に主張していくためにプロジェクトチームを立ち上げました。プロジェクトチームでは提言や報告を公表しており、これに基づき、様々な働きかけを協会は実施してきています。

梅谷 例えば、議決権の基準日の問題を少しでも解決しようという、開示府令の改正がなされるなど、少しずつではありますが、前進してきているように感じます。

森 前進していますが、まだまだ道半ばだと思います。やはり、大きく進展させていくには、企業のガバナンスそのものを変えていく必要があると考えています。

◆ コーポレートガバナンス・コードの策定に携わって

梅谷 企業のガバナンスの話が出ましたが、森さんはコーポレートガバナンス・コードの有識者会議にもメンバーとして参加されていましたね。

森 政府の成長戦略の中で、攻めのガバナンスということで、外部の方の目を企業経営の中に入れていかなくてはいけないということがいわれていました。まさにそのとおりで、社外の取締役あるいは監査役の役割というものを明確にして、強化するべきだという話をしました。

関川 同コードの中に「十分な監査時間の確保」という記述も盛り込まれていますね。

森 協会の会長として当然のことですが、この点を盛り込むことを有識者会議で強く主張しました。関係者の方々にガバナンスにおける監査の重要性をご理解いただき、主張を盛り込むことができました。

　この項目が含まれていることも影響し、上場会社の監査時間は着実に増えてきていると感じています。また、当然のことながら、監査報酬も増えてきていると思います。ただ、増えたといってもまだまだ十分な状況ではありませんので、引き続き、監査時間の確保に向けた取組みを推進していく必要があります。

◆ 協会の国際貢献について

関川 森さんが会長時代に、ミャンマーをはじめとした東南アジア諸国の会計・監査インフラ整備に向けてご尽力されたことや、アセアン会計士連盟（AFA）に準会員として加盟されたことが印象に残っています。このような活動に注力されたキッカケやお考えをお聞かせください。

森 日本は昔から、海外の会計先進国からいろいろなことを学んできました。そろそろ、学ぶだけでなく、教えるというと少しおこがましいですが、貢献することを考えなきゃいけない時代になったのではないかというのが基本的な考えです。

　また、開発途上国に指導することだけではなく、国際基準の作成にかかわることも重要な国際貢献だと思います。国際的に決まった基準を取り入れるだけではなく、基準の設定に関与して貢献していくことが重要なのです。

　倫理、監査、教育、公会計といった国際基準を定める審議会はIFAC（国際会計士連盟）に設置されていて、そういった場で日本として意見を発信していくためには、現実問題として、IFACに対する影響力を高めていく必要があります。

　かつては、藤沼相談役がIFACの会長を務められ、山崎相談役や池上相談役も、指名委員会という基準設定審議会のメンバーを選ぶIFACの重要な機関のメンバーに就任されていました。しかし、私が会長に就任した当時、残

149

Episode 06

● 協会研究大会での挨拶

● 政治連盟の懇親パーティーでの挨拶

念ながらそういった要職に日本の関係者は登用されていませんでした。日本のIFACに対する影響力をいかにして回復するのかが課題となっていました。

日本がIFAC内で影響力を維持・拡大するには、日本を支持してくれるIFACの加盟団体を増やしていくことが重要となります。特に、アセアン諸国は地理的にも近いし、親日国が多いので、AFAの準会員となり、日本の存在をその中で明確に位置付け、日本を支援してくれる国や団体を増やしていきたいという狙いがありました。

ミャンマーについては、以前から金融庁や東京証券取引所、大和証券がミャンマーに証券取引所を開設・運営するために様々な支援を行っていました。証券市場を機能させるためには、当然のことながら、公認会計士による監査制度を導入する必要があるということで、協会へ協力の要請がありました。当初は、ミャンマーの関係者が来日した際に研修を行うといったことをしていたのですが、公認会計士による監査制度の導入について協会が直接的に支援をしてほしいという要請があり、証券市場の中での公認会計士制度を整備すべく、ミャンマー公認会計士協会（Myanmar Institute of Certified Public Accountants）、日本公認会計士協会及び一般財団法人大和日緬基金の三者で覚書を締結しました。

関川　森さんは、ミャンマーに若いころに行かれたご縁もあるとおうかがいしましたが。

森　そうですね、約20年前になると思いますが、大来佐武郎さんの研究会に参加していまして、この研究会で東南アジア各国を歴訪したのです。そのときに、ミャンマーの首都ヤンゴンに行きました。当時は、アウンサンスーチーさんは自宅軟禁の状況で、定期的に自宅の塀の内側から外に集まった支持者

に向けて演説されていましたが、その姿を車窓越しに見たことを印象深く覚えています。

◆ 会計基礎教育の推進、女性会計士活躍促進について

梅谷　森さんは会長の時代に、会計基礎教育推進会議や女性会計士活躍促進協議会の設立を決定されました。こういった機関を設置することを決めた背景や思いをお聞かせください。

森　私が会長のときに、公認会計士試験の受験者数や合格者数が大幅に減少していたことに大きな危機感を抱いていました。この状況の一因には、若年層の会計離れが含まれていると感じていました。

　　また、会計を職業とするしないにかかわらず、会計の素養はビジネスや社会人としての基礎教養です。一般の方々の会計への理解を深めることも、会計を職業とする公認会計士の団体である協会の役割の一つと考えました。

　　若年層が会計を学ぶ機会を確保するために、文部科学省を訪問し、協議を重ねました。その中で、公認会計士業界はもとより、関係団体が一丸となってこの問題に対処していく必要性を痛感したのです。会計のプロフェッションである公認会計士が中心となって、会計リテラシーの普及に取り組んでいくことを目的として、会計基礎教育推進会議の設置を決定しました。

　　また、女性の公認会計士が諸外国と比較して非常に少ないという点も問題意識として持っていました。

　　例えば、米国であれば会計士の半数は女性であり、シンガポールでは女性の方が男性よりも多いという状況となっています。また、海外のネットワークファームのトップに女性が就任していたり、IFACやアジア太平洋会計士連盟（CAPA）の会長にも女性が就任しています。公認会計士という職業は女性が大いに活躍できる職業ではないでしょうか。女性に、もっとこの職業に興味を持ってもらいたいと思っておりました。協会でも、女性活躍に向けた取組みは行っていたわけですが、効果的かつ効率的に施策を遂行するには専門組織が必要なため、女性会計士活躍促進協議会を設置しました。

関川　推進会議、協議会ともにその仕組みの中で様々な活動を行い、着実に成果を上げていますね。

151

森　会計リテラシーの普及も女性活躍の促進も難易度の高い課題であると感じていますが、両組織とも非常に積極的にモチベーション高く活動をしていると感じています。引き続き、この調子で活動を進めていっていっていただきたいと思います。

◆ これまでのキャリアを振り返って

関川　森さんは、公認会計士登録されてから35年、会計士補時代を含めると概ね40年間、公認会計士業界におられるわけですが、この40年を振り返ってどのような感慨をお持ちかをお聞かせください。

森　私は、企業の会計の仕組みを構築するいわゆるアドバイザリー業務にも携わっていましたが、監査を通じて様々な知識や経験を得たからこそ、アドバイザリー業務にも従事できたのだと感じています。最近の監査業務では詳細なマニュアルが導入されているわけですが、昔はそういったものはなく、自分で常に考えながら監査業務に従事していました。この取引は正しいものなのか、この会計処理でよいのか、証拠は十分なものかを常に検討して判断するわけです。これが非常に面白かったなと感じています。

　また、バブルの崩壊を経験したことも大きかったと思います。監査を担当している企業の資産がどんどん劣化して、それを処理していかなくてはいけないわけです。毎年、ローンや有価証券の評価損を計上しなくてはならないので、膨大にあった剰余金が減少していくのを目の当たりにして、日本は本当に大丈夫なのかと感じたことを覚えています。

梅谷　バブルの崩壊を経験されたわけですが、このとき、公認会計士の仕事について何かお感じになったことはありますか。

森　我々の仕事は、辛く厳しい仕事であるのだなということを痛感しました。減価した資産について財務諸表の中で損失を計上するように促していかないといけないわけです。業績の悪いときに、実態を露わにして、しっかりと悪い状況を示しなさいということを企業に言わなくてはいけないわけですから、やはり厳しい仕事なのだと感じたわけです。

関川　森さんが公認会計士試験を受けられたころは、公認会計士の知名度は低かったように思いますが、学生時代に公認会計士を目指したキッカケは何か

あったのでしょうか。

森　大企業に就職するといった選択肢もあったわけですが、大きな組織の中で自由に仕事を行うのは難しいと感じていました。その折に、知り合いの若手弁護士が、自由に仕事をしている姿を見て、専門的な資格を身につけた方が楽しく仕事ができるのではないかと感じたのです。

　ちょうど私は経済学部に所属していたので、公認会計士を目指すことにしたのです。もし、法学部に所属していたら弁護士をめざしていたかもしれません（笑）。

関川　試験合格後に、新和監査法人に入所されましたが、当時は中堅の事務所だったと記憶しています。

森　そうですね。自分のやりたい仕事を早くできる環境に身を置きたいと考えていました。大手の監査法人ではなかなか仕事を任せてもらえないのではないかと思って、準大手といわれていた新和監査法人にお世話になることにしました。

関川　先ほどの話にあったように、新和監査法人に入所されたのが協会の会務に携わるキッカケでもあり、ひいては会長になられることにつながったわけですね。

森　そうですね。増田相談役も山本相談役も新和監査法人のご出身ですし、先に話した井口さんや中嶋さんなどもいらして、協会活動に貢献するということに全く違和感がないという環境でしたね。

梅谷　森さんはまだ60歳を迎えられたばかりということで、これからまだ様々なキャリアを積んでいかれるかと思います。お仕事に限らず、今後やりたいことなどお聞かせください。

森　よく、仕事とプライベートをしっかり分けなくてはいけないといった話を聞きますが、基本的に私は、仕事とプライベートをあまり分けて考えたことがありません。仕事もプライベートなこともバランスよくやっていきたいなと思っています。

関川　会長は大変激務であると聞きますが、当時の生活はどのような感じだったのでしょうか。

森　何かが発生した場合に即応できるようにするために、大げさにいえば24時間体制でことに当たっていましたね。そのため、週末にゴルフの約束があっ

Episode | 06

ても、キャンセルさせてもらうといったことは多かったです。

関川 体調維持やストレス解消のためになさっていたことはありますでしょうか。

森 会長車を利用する機会が増えて歩かなくなるので、協会の会館の1階から会長室のある6階まで歩いて上がったりしました。あと、桜の季節は、結構、散歩していましたね。市ヶ谷は桜が多くてとても綺麗でしたよ。

梅谷 最近はゴルフの回数も増えたのでしょうか。

森 そうですね。あと、会長時代と違うのは、自分で車を運転できるようになったことですね。会長の時は、万が一にも、事故を起こしてはいけないので、車を運転しないようにしていました。会長を退任して、まず車のバッテリーの交換をしました（笑）。

◆ 公認会計士業界へのエール

梅谷 公認会計士制度は今年（2018年）の7月に70周年を迎えます。今後、公認会計士制度が80年、90年と歩を進めていくに当たってエールをいただけますでしょうか。

森 最近、AIの発達に伴って将来なくなる職業の一つに公認会計士が挙げられています。将来の技術進歩は予見できませんが、そのようなことはないと考えています。

　例えば、会計システムにある取引を入力すれば自動的に財務諸表に反映されていくわけですが、入力する取引がどういうものなのかをしっかりと見極めなくてはいけません。そのためには、取引の実態を把握する必要があるわけですが、これを行うには非常に高い能力や判断力が求められるわけです。また、監査業務でも、取引や契約が本当に正しいものであるのかの判断を一つ一つ下しているわけです。

　このように、公認会計士の業務は判断が非常に多いことを考慮すると、公認会計士の業務がAIに取って替わられるということはなくて、逆に、AIを利用して判断に時間を割けるようにしていかなくてはならないわけです。

　業界全体として、ぜひそういった認識を持っていただき、AIを活用し業務を効率化するとともに、公認会計士にしかできない業務に注力していって

いただきたいと思います。

　また、公認会計士の活躍の範囲は広がりをみせてきていますが、まだ全ての分野で活躍できている状況ではありません。公認会計士が貢献できる分野はまだまだ多いと思いますので、さらに活躍の幅を広げていけるように取り組んでいただきたいと思います。

梅谷　本日はお忙しい中、ありがとうございました。今後、ますますのご活躍を期待しております。

森　こちらこそありがとうございました。

公認会計士による税務業務の歴史

【税理士制度の発足と公認会計士】

　税理士制度は、1951年に税務代理士法の改正（税理士法の制定）により発足した制度であるが、その前身である税務代理士制度は1942年の税務代理士法の制定によって成立している。すなわち、弁護士、計理士などの一定の資格を有する者に税務代理士の資格を付与し、税務代理士以外の者が税務代理業務を行うことが禁止された。

　1948年に公認会計士法が制定された際、当初から公認会計士は広く会計の専門家として、当然に税務業務をその職域に含むという制度設計が行われており、多くの公認会計士が税務代理士として税務業務を行った。

　1951年6月に税理士法が制定され、従来の税務代理士に代えて税理士制度が誕生した。この背景には、税制民主化の一環として、申告納税制度が拡大されたことがある。新たな税理士制度の下で、公認会計士は税理士登録を行い、税務業務を行うこととなった[1]。なお、税理士法制定に先立って1950年に発表された「第2次シャウプ勧告[2]」では、「弁護士及び公認会計士は、現在及び将来に通じて、人物試験以外の試験を受けることなく税務当局に対して納税の代理をなすことを、認められるであろう」と明示されている。また、税理士法制定の際の立法担当者の趣旨説明においても、「税理士となる資格を有するものとしては、まず弁護士、公認会計士が適当であると考えられ、これに加えて税理士試験に合格した者」と述べられており、公認会計士は弁護士と並んで税務業務の適格者と考えられていた。

　なお、税理士法制定に合わせ、1951年の公認会計士法改正により、第3次試験科目に税に関する実務を含めることになった[3]。

【通知公認会計士制度】

　1956年の税理士法改正[4]にあたり、税理士の税理士会への間接強制入会制度[5]が俎上に上がった。法改正により、それまで任意であった税理士会への加入が原則的に義務付けられた[6]が、同時に公認会計士たる税理士は、税理士会に加入しない場合においても、「委嘱者の住所及び氏名又は名称を国税局長に通知」することにより、税理士業務を行うことができるとする、いわゆる「通知公認会計士制度」が発足することになった。

【通知公認会計士制度の廃止と許可公認会計士制度の発足】

　日本税理士会連合会（日税連）は、その後、税理士法改正要望の中に、繰り返し、通知公認会計士制度の廃止を含めてくることになる[7]。日税連は、1972年6月に「税理士法改正に関する基本要綱」を定め、税理士の権利の保障の明定化、税理士の組織する団体の自主権の確立等を目指した。それを起点に税理士法改正の動きが進展していくが、日税連の税理士法改正要望には、税理士会への間接強制入会制度を、税理士登録と税理士会への入会を一体化させる登録即入会制度[8]に変更し、通知公認会計士制度を廃止することが含まれていた。

　1978年3月に自由民主党（自民党）の政務調査会財政部会内に税理士問題小委員会が設置されるなど、税理士法改正の動きが急速に進展する中、JICPAは、1978年9月開催の理事会で、税理士法対策本部の設置及びその運動方針を承認し、通知公認会計士制度廃止などの税理士法改正に対する反対運動を繰り広げた。

　1979年3月に、自民党財政部会税理士問題小委員会で税理士制度改正要綱が決まり、通知公認会計士制度の廃止もその中に盛り込まれた。JICPAは「税理士法改悪反対決起集会」の開催、大蔵省に対して建議書の提出、国会議員に対する陳情など、引き続き反対運動を繰り広げた[9]。その結果、通知公認会計士制度は廃止されるものの、これに代わるものとして公認会計士の資格のままで小規模な税務業務が行える制度を設ける措置が講じられることとなった。これらの内容を含む税理士法改正案は、一度廃案となったものの、最終的に1980年4月に成立し、これによって、通知公認会計士制度が廃止され、新たに、許可公認会計士制度が開始[10]されることになった。

　JICPAは、通知公認会計士制度の廃止に伴い、1970年に創設した通知公認会計士会を廃止した。また、1983年10月に、許可公認会計士で構成する特別税務部会を発足させた[11]。

【許可公認会計士制度の廃止】

　日税連は、1995年6月28日付け「税理士法改正に関する意見（タタキ台）」、1996年12月28日付け「税理士法改正に関する意見（タタキ台）の審議状況について（報告）」を公表し、税理士法改正に関する要望事項を示したが、その中には、許可公認会計士制度の廃止などの公認会計士制度にも大きな影響を及ぼす事項が含まれていた。JICPAは、会社法改正問題調査会に税理士法対策部会を設け、日税連の税理士法改正案に対する意見のとりまとめを行い、1997年6月「日本税理士会連合会の税理士法改正案（タタキ台）に対する意見書」を公表した。

Column

　しかし、JICPA等関係者の反対の努力にもかかわらず、2001年5月に「税理士法の一部を改正する法律[12]」が可決成立し、2002年4月1日から施行され、施行日以降は許可公認会計士の新規許可はされないこととなった[13]。

　その結果、税務業務を行う公認会計士は、全て、税理士登録及び税理士会入会の上、税理士の資格で同業務を行う制度となり、現在まで継続している。

【2014年税理士法改正を巡る動きと決着】

　2009年11月、日税連は、「税理士法改正に関するプロジェクトチームによるタタキ台」を公表し、税理士会会員からの意見募集を開始した。ここでは、公認会計士が税理士登録するためには、「能力担保措置」として「税法に属する科目に合格することを原則とする」としていた。これまでの公認会計士と税務業務を巡る問題が、公認会計士が当然に税務業務を行えることを前提とし、その場合の手続的なものであったのに対し、公認会計士が当然に税務業務を行えるとの前提が否定されかねない事態であった。

　JICPAは、2010年3月にこれに反対する意見をまとめ、日税連に意見書を提出した。この後、「能力担保措置」を主張する日税連とそれに強く反対するJICPAの双方の活動が活発化することになる[14]。

　日税連は、2013年3月「税理士法に関する改正要望書（平成26年度改正要望項目）」を公表し、その中には、これまでの主張である「公認会計士は税法に属する科目に合格することを原則とするなど、税務に関する専門性を問う担保措置を講じるべきである」との要望が含まれていた。JICPAは、2013年10月4日に会長を本部長とする税理士法改正対策本部を設置し、同年10月21日に臨時理事会を開催し、以下の決議を行った。

① 　日税連が要望する、いわゆる能力担保措置は、公認会計士が税務の専門家であるという国際標準を逸脱し、我が国の資本市場の信頼性を損なうおそれがあることから全面的に反対する。

② 　恒久的に「公認会計士の資格で税理士業務を行うことが可能な制度」を維持するため、公認会計士がその資格で税理士業務を行うことができるよう法の改正を求める。

③ 　法改正を巡る動向に応じて機動的、かつ速やかに対応する必要があることから、具体的な対応については会長に一任する。

　以降、JICPAは、能力担保措置に断固反対するという基本方針の下で陳情、説明、

折衝等が続き、最終的に、2013年12月3日に関係者間で以下の内容の「確認書」が取り交わされ、税理士法において、公認会計士の資格の下で税理士となれることが確認された。

① 税理士となる資格を有する公認会計士は、公認会計士法第16条の実務補習団体等が実施する研修のうち、財務省令で定める税法に関する研修を受講することとする旨の規定を設けること。

② 財務省令において、実務補習団体等が実施する税法に関する研修を国税審議会が指定する旨の規定を設けること。

③ 指定する研修は、税法に属する試験科目の合格者と同程度の学識を習得することができる研修とする旨の規定を設けること。

④ 税理士法第3条に関して更なる見直しを求めないこと。

2014年3月に税理士法改正案を含む「所得税法等の一部を改正する法律案」が成立し、税理士資格に係る改正規定は、2017年4月1日施行されること、すなわち、改正規定は同日以降、公認会計士試験に合格した者から適用されることになった。

その後、JICPAは、実務補習機関である一般財団法人会計教育研修機構と連携の下、税務に係る実務補習の充実や実務補習所の考査及び修了考査の実施方法等の改定を行った。このような状況を踏まえ、国税審議会は2016年6月に実務補習の税法に関する研修を税理士法施行規則に規定する研修として、「指定」することを決定した。

非営利法人への公認会計士監査の導入

1966年に行われた公認会計士法改正[15]に際し、衆参両院において「公認会計士のもつ職業会計人としての専門的知識を活用して、広く会計処理の適正化を図る見地から、学校法人、宗教法人、金融機関、農業協同組合等公益法人についても、その監査対象を拡大することについて検討すべきである」との付帯決議が行われており、公認会計士監査を上場企業だけではなく、非営利法人を含む他の組織体にも拡大すべきとの考え方は、50年以上前から存在した。最近になるまで、その範囲は学校法人など一部に留まっていたが、近年、社会福祉法人、医療法人、農業共同組合などにその範囲は拡大してきている。以下、主たる非営利法人分野への公認会計士監査の導入状況について概説する。

159

Column

【学校法人の監査】

　従来、私立学校法は私立学校の自主性を尊重する立場から、学校法人の会計についても計算書類の作成備置を義務付けていたものの、一般的準則もなく、その慣行も成立していなかった。他方、1960年代半ばから、学費値上げに伴う紛争事件の続発などによって、私立学校の経営状況が社会問題化した。文部省[16]は1965年4月に臨時私立学校振興方策調査会を設置し、同調査会は、1967年6月に「私立学校振興方策の改善について」を文部大臣に答申した。その答申の中で、私立大学振興改善の具体策の一つとして「私立大学が合理的、計画的に経営され発展していく上には、経営の合理化、適正化が必要であることはいうまでもないが、更に私立大学に対する助成をはかることについて国民の理解と支持を得るためにも、（中略）学校の経理の合理化、適正化が重要であり、このため財務基準の制定、公認会計士による監査等経理の合理化、適正化を確保するため適切な措置を講ずる必要がある」と提言した。

　文部省は、「学校法人の財務基準の調査研究」のための研究会を通じて、学校法人会計基準の作成を進め、1971年4月に「学校法人会計基準」（文部省令）が施行された。また、1970年5月公布の日本私学振興財団法の附則によって私立学校法が改正され、「学校法人会計基準」によって作成された計算書類を公認会計士又は監査法人の監査報告書を添付して、所轄庁（文部省又は都道府県知事）に提出することが義務付けられた[17]。但し、都道府県知事所轄の学校法人に公認会計士監査を義務付けるかは、当分の間都道府県知事の定めるところによるとされていた。

　1975年7月に私立学校振興助成法が定められ、上記の規定は同法に移され、所轄庁の違いにかかわらず、年間1,000万円以上の経常費助成を受ける学校法人は、公認会計士監査の対象とされるに至った。

　なお、大学設置・学校法人審議会学校法人分科会の下に設けられた学校法人制度改善検討小委員会が、2019年1月に公表した「学校法人制度の改善方策について」において、「現在、私立学校振興助成法に基づき行われている会計監査人による監査については、学校法人の財務情報の信頼性に第三者保証を与えるとの観点から、私学助成の有無にかかわらず行うこととし、私立学校法に根拠規定を移ることを検討すべきである」とされており、今後、制度変更の是非が検討されていくものと思われる。

【公益社団・財団法人及び一般社団・財団法人の監査】

　民法第34条に基づき設立される社団法人又は財団法人の設立許可及び指導監督

は、各所管官庁において、「公益法人の設立許可及び指導監督基準」（1996年9月20日閣議決定）に従って行われてきたが、公益法人の不正事件を機にその指導監督体制の充実を図るため、2001年2月に公益法人等の指導監督等に関する関係閣僚会議幹事会において、「公益法人の指導監督体制の充実等について」が申し合わされた。これには、各府省は、資産額100億円以上若しくは負債額50億円以上又は収支決算額が10億円以上の所管公益法人に対し、公認会計士又は監査法人による監査を受けるよう要請することが盛り込まれ、2001年度から実施された（「要請監査」と呼ばれた）。

　一方、政府は、2001年12月に閣議決定した行政改革大綱に基づき、公益法人制度の抜本的かつ体系的な見直しを行った。改革の基本的枠組みとして、①現行の公益法人の設立に係る許可主義を改め、法人格の取得と公益性の判断を分離することとし、公益性の有無にかかわらず、準則主義（登記）により簡便に設立できる一般的な非営利法人制度を創設すること、②各官庁が裁量により公益法人の設立許可等を行う主務官庁制を抜本的に見直し、民間有識者からなる委員会の意見に基づき、一般的な非営利法人について目的、事業等の公益性を判断する仕組みを創設することとされた。

　この制度的枠組みに基づき、いわゆる公益法人制度改革関連三法が2006年6月に公布され、2008年12月1日に施行された[18]。これらの法令の施行により、新公益法人制度において、法定監査としての公認会計士監査（会計監査人監査）が開始されることとなった。

　会計監査人を設置しなければならない要件は以下のとおりである[19]。

一般社団（財団）法人	・負債額が200億円以上
公益社団（財団）法人	次のいずれかに該当する法人 ・収益の額が1,000億円以上 ・費用の額が1,000億円以上 ・負債額が50億円以上

【社会福祉法人の監査】

　従来、厚生労働局長通知「社会福祉法人指導監査要綱」において、資産総額100億円以上若しくは負債額50億円以上又は収支決算額10億円以上の法人は2年に1回の外部監査が望ましい、その他の法人は5年に1回の外部監査が望ましいと規定されてきた。

　社会経済・地域社会の変化及び社会福祉制度の変化や公益法人制度改革等の社会

福祉法人制度を取り巻く環境変化を踏まえ、社会保障審議会福祉部会で社会福祉法人制度のあり方を議論した結果、2015年2月に「社会保障審議会福祉部会報告書〜社会福祉法人制度改革について〜」が公表され、「一定規模以上の法人に対して、会計監査人による監査を法律上義務付ける必要がある」とされた。

　2016年3月に公布された改正社会福祉法では、社会福祉法人の経営組織のガバナンスの強化、財務規律の確立の観点から、社会福祉法人は定款の定めにより会計監査人を置くことができるとされ、また、事業規模が政令で定める基準を超える社会福祉法人は会計監査人の設置を義務付けられた（2017年4月1日施行）。

　2016年11月の政令公布及び局長通知により、以下のとおり段階的に会計監査人監査の対象範囲を拡大していくことが示された。

- 2017年度及び2018年度：収益30億円を超える法人又は負債60億円を超える法人
- 2019年度及び2020年度：収益20億円を超える法人又は負債40億円を超える法人
- 2021年度以降：収益10億円を超える法人又は負債20億円を超える法人

　厚生労働省は、2017年度に会計監査を実施した社会福祉法人等の実態調査に基づき、2018年11月に2019年度の会計監査人設置基準の引き下げを行わないことを通知した。

【医療法人の監査】

　2006年改正医療法では、新たな法人類型として、社会医療法人制度が創設され、社会医療法人には社債券同様に広く流通する社会医療法人債の発行が認められ、これを発行している社会医療法人には、公認会計士又は監査法人の監査が義務付けられた。

　2014年6月に閣議決定された「『日本再興戦略』改訂2014」では、医療・介護を一体的に提供する非営利ホールディングカンパニー型法人制度の創設及び医療法人制度の規制の見直しが盛り込まれ、社会保障審議会医療部会等で検討が行われた結果、2015年9月の改正医療法の公布により、一定規模以上の医療法人には2017年4月2日以降開始事業年度から公認会計士又は監査法人の監査が義務付けられることとなった。また、地域における医療機関相互間の機能の分担及び業務の連携を推進することを目的に設立される一般社団法人を、都道府県知事が地域医療連携推進法人として認定する仕組みが創設され、認定を受けた会計年度より公認会計士又は監査法人の監査が義務付けられた。

　公認会計士又は監査法人の監査が義務付けられた医療法人等をまとめると以下のとおりとなる。

- 負債額が50億円以上又は収益額が70億円以上である医療法人
- 負債額が20億円以上又は収益額が10億円以上である社会医療法人
- 社会医療法人債発行医療法人
- 地域医療推進法人

【農業協同組合の監査】

　農業協同組合及び農業協同組合連合会（農協等）に対する監査は、1954年の農協中央会制度創設と同時に中央会監査制度が導入され、国家資格である「農業協同組合監査士」を中心に行われてきた。

　1996年改正農業協同組合法では、信用事業を行う一定規模以上の農協等について中央会による決算監査（財務諸表等の適正性について意見表明を行う）が義務付けられた。また、中央会に、その監査のレベルアップを図る観点から、公認会計士又は監査法人と公認会計士法第2条第1項又は第2項業務について契約することが義務付けられた。2002年にはJA全国監査機構が設立され、監査の実施主体が各都道府県中央会から当該機構に統合された。

　「『日本再興戦略』改訂2014」に「農業協同組合の見直し」が盛り込まれ、それを受けて2014年6月に作成された「農協・農業委員会等に関する改革の推進について」において、会計監査について、「信用事業を行う農協（貯金量200億円以上の農協）等については、信金・信組等と同様、公認会計士による会計監査を義務付ける」とされた。

　2015年9月に農業協同組合法が改正され、法改正に伴う政令の公布により、以下の農協等に会計監査人の監査が義務付けられることとなった[20]。

- 組合員の貯金等の受入の事業を行う農業協同組合のうち貯金等の額が200億円以上のもの
- 農業協同組合連合会のうち、負債額が200億円以上のもの

【独立行政法人等の監査】

　独立行政法人制度は、行政改革の一環として、行政における企画立案部門と実施部門を分離し、実施部門に法人格を与え、運営裁量を与えることにより、政策実施のパフォーマンスを与えることを目的として導入された。同様の制度として国立大学法人制度、地方公共団体における地方独立行政法人制度も定められ、これらについては、全て制度施行時より公認会計士又は監査法人を会計監査人とする制度となっている。

Column

各法人類型別の監査対象法人等を示すと表1のとおりである。

表1：独立行政法人等の公認会計士監査の対象

法人類型	監査対象法人	制度開始年度
独立行政法人	資本金額100億円以上または負債額200億円以上	2001年度
国立大学法人	全て	2004年度
地方独立行政法人	資本金額100億円以上または負債額200億円以上	2004年度

脚注

1）なお、弁護士は弁護士法改正によって、弁護士の資格で「当然、税理士の事務を行うことができる」とされた（弁護士法第3条第2項）。

2）戦後、日本の占領統治を担った連合国軍最高司令官総司令部（GHQ）の要請で1949年に結成されたコロンビア大学教授カール・シャウプを団長とする日本税制使節団による日本の租税に関する報告書。1949年8月に出された報告書（「第1次シャウプ勧告」）と1950年9月に出された報告書（「第2次シャウプ勧告」）からなる。これらの報告書に基づく税制改正が1951年に行われ、日本の税制に大きな影響を与えた。

3）会計実務の中に「税に関する実務を含む」こととされた。

4）同年の税理士法改正において、勤続20年以上の税務職員等に対する特別税理士試験を5年間に限り実施することが制度化された。なお、この制度は1961年の税理士法改正で期限延長された後、1980年の税理士法改正で廃止され、代わりに、勤続年数が一定以上の国税職員が、従前よりあった税理士試験の税法に関する科目の免除に加えて、一定の研修を条件に会計学に関する科目を免除される制度（すなわち、税理士試験を受験せずに税理士資格を取得できる）に変更された。

5）税理士登録しただけでは、税理士業務を行うことができず、税理士業務を行うためには、税理士会に入会することを要する制度のこと。

6）政府提出原案には、強制加入の規定はなく、議員提案による修正として、強制加入と通知公認会計士の規定が入ることになった。参議院大蔵委員会において通知公認会計士制度新設について、提案者の一人である黒議員は、「公認会計士たる税理士については、本来の公認会計士の職務を主として、ごくまれに税理士の仕事をする者がある。かような者については、税理士会に加入しない場合においても国税局長に通知することにより、依頼された事件に限って税理士業務を行うことができる、かような特例を設けることにした」と説明している。

7）例えば、「わが国における税理士業界のあり方」（1968年12月）、「公認会計士たる税理士の特例に関する考え方並びにその最近の動向に対する意見について」（1970年3月）など。それに対して、JICPAは1970年9月に「通知公認会計士会」を創設し、活動を行った。（『［私本］会計・監査業務戦後史』、川北博　著、日本公認会計士協会出版局、2008年、83ページ）なお、通知公認会計士会の会員数は、1973年12月末で918名であった。

8）1961年の税理士法改正によって、税理士の登録事務は国税庁から日本税理士会連合会に移管された。

9）通知公認会計士の数は、1978年3月末現在で、1,073人。一方、類似する制度である通知弁護士（但し、税理士登録の必要はない）の数は、同日現在、1,225人であった。（第87回国会衆議院大蔵委員会：1979年6月1日における政府委員の答弁）同年12月末現在の公認会計士数は、5,544人であることから、公認会計士の20％以上が通知公認会計士として税務業務を実施しており、公認会計

士にとって非常に大きな問題であった。なお、この時、廃止されたのは、通知公認会計士制度だけで、通知弁護士制度は現在も存続している。

10) 当面の間、国税局長の許可を得て、公認会計士が税理士登録することなく、小規模な税理士業務を行えるとされた。（税理士法付則第37項）ここで、「小規模」とは、継続関与先が10件（但し、関与先が個人のときは20件）の範囲内とされる。

11) 税理士法改正後の1981年にJICPA会長に就任した川北氏は著書『［私本］会計・監査業務戦後史』で、特別税務部会の創設を「一種の敗戦処理」と表現している（84ページ）。

12) この時の税理士法改正で、新たに税理士法人制度が創設された。

13) 2002年3月末までに許可を受ければ、2005年3月末までの3年間は税理士業務を実施できる経過措置が採られた。なお、2002年3月末現在の許可公認会計士の数は、2,320人であり、同日の公認会計士数13,185人に対する割合は、17.6％であった。JICPAは、許可公認会計士制度の廃止に伴い、2005年3月末をもって、特別税務部会を廃止した。その後、JICPAは、税理士登録を行い、税務業務を実施している会員の組織化を図り、サービスを提供していく体制を構築するため、2010年9月に税務業務部会を設置している。

14) JICPAは、2011年8月から「税理士法改正反対署名活動」を展開し、同年12月末までの約4か月間で、全公認会計士の約75％を超える署名が集まった。

15) 監査法人制度の創設、公認会計士協会の特殊法人化（公認会計士の強制加入）など、大幅な改正が行われた。なお、この当時は、商法（会社法）監査はまだ導入されておらず、銀行などの金融機関は、証券取引所に上場していたとしても証券取引法による監査を免除されていた。

16) 現、文部科学省

17) 公認会計士監査は段階的導入が図られ、文部大臣所轄の学校法人に対して、計算書類の全体に対して監査を実施するのは、1973年度からである。（1973年度に公認会計士の監査を受けた文部大臣所轄の学校法人は489法人）

18) 既存の民法第34条により設立された社団法人、財団法人は、法律施行後5年内に公益社団（財団）法人に移行の認定の申請又は一般社団（財団）法人への移行の認可の申請を行うこととされた。

19) 会社法と同様、規模基準に該当しない場合でも会計監査人を任意で設置することは可能であり、従前、要請監査を実施していた社団（財団）法人で、会計監査人を任意設置している例も多い。

20) 法律の施行日は2016年4月1日であるが、経過措置により、会計監査人による監査は、2019年10月以降終了事業年度から開始されることとされた。

165

Episode 07

日本公認会計士協会 相談役
関根愛子 氏

■ インタビュアー

機関誌編集委員会 委員
倉重栄治 氏

日本公認会計士協会 主任研究員
関川 正 氏

Episode 07

公認会計士は幅広い分野で国民経済の健全な発展と社会的な課題解決に貢献できると考えています。

在任中の出来事

	会計・監査に関連する事象	世相
2016年	11月・公認会計士試験受験者・合格者発表（8年ぶりの合格者増）	8月・第31回オリンピック競技大会（リオデジャネイロ）開催 11月・米国大統領選　トランプ氏が当選 ■今年の漢字第1位「金」：リオ五輪に沸き、東京五輪に希望を託した「金」（キン）と、政治と「金」（カネ）問題に揺れた年
2017年	3月・金融庁「監査法人の組織的な運営に関する原則（監査法人のガバナンス・コード）」公表 4月・監査監督機関国際フォーラム（IFIAR）事務局が東京に開設 　　―社会福祉法人、医療法人への法定監査導入が始まる	2月・金正男氏殺害事件 6月・共謀罪法が成立 10月・神戸製鋼品質検査データ改ざんが発覚―その後、有名企業のデータ改ざん事件発覚が相次ぐ ■今年の漢字第1位「北」：「北」朝鮮ミサイル発射、「北」海道沖落下や九州「北」部豪雨などの災害があった年
2018年	1月・英国カリリオン社破綻 　　―この後、英国にて監査改革の議論が始まる 6月・金融庁・金融審議会「ディスクロージャーワーキング・グループ報告―資本市場における好循環の実現に向けて―」公表 7月・監査基準改訂（「監査上の主要な検討事項」導入） 10月・第20回世界会計士会議（シドニー）開催 11月・日産自動車、ゴーン会長逮捕	3月・森友学園、財務省決裁文書改ざん発覚 6月・大阪府北部最大震度6弱の地震発生 9月・大型台風襲来、関西空港が冠水 　　・北海道震度6強の地震発生 ■今年の漢字第1位「災」：北海道・大阪・島根での地震、西日本豪雨、大型台風到来、記録的猛暑など、日本各地で起きた大規模な自然「災」害により、多くの人が被「災」した年
2019年	1月・金融庁「会計監査についての情報提供の充実に関する懇談会」報告書公表	4月・天皇陛下が退位

●年表内の「今年の漢字®」は（公財）日本漢字能力検定協会の登録商標です。

関根愛子 氏

◆ 公認会計士を目指したキッカケ

関川 関根さんは、2019年7月22日の定期総会をもちまして、3年間の会長任期を終えられました。3年間、本当にお疲れさまでした。本日は、会長時代のお話を中心に、様々なことをお聞きしたいと思います。まずは、学生時代の話をおうかがいします。関根さんは、会長就任時、初の女性会長ということで話題になりましたが、同時におそらく初の理系会長ではないかと思うのですが。

関根 初の理系会長と意識したことはありませんでしたが、そうかもしれませんね。

理系の科目は、ロジックを理解すれば問題を解くことができ、わかりやすいと感じ、大学では理工学部に在籍し、数学を専攻していました。しかし、大学生活を過ごす中で、専攻の数学にはこだわらずに、社会の動きに近い分野の仕事に就きたいと思うようになりました。

ところが、当時の女子学生の就職は非常に厳しく、また、多くの企業の募集に学部制限が設けられていました。そこで、そのような制限がなかった外資系の銀行に就職しました。

倉重 銀行でのお仕事の中で会計に触れることになったのでしょうか。

関根 そうです。当時は、簿記の何たるかも知らなかったため、入門書を買って勉強したことを覚えています。この時、世の中にはこのように便利なものがあるのだと実感し、数字を使って企業の活動を表すことに新鮮さを感じました。

倉重 公認会計士試験を受験するキッカケはどのようなものだったのでしょうか。

関根 銀行で実際に働き始めたところ、男性は数か月ごとに部門を異動してトレーニングを受けていたのに対し、女性にはそのような機会が与えられず、キャリア形成に男女の差を痛感しました。このような状況で、何らかの理由により仕事を中断したときに復帰できる力が自分にあるのだろうかと考え、「仕事を続けていく上で、何か、拠って立つ資格があったほうがよい」と感じたのです。

関川 まだ男女雇用機会均等法が施行される前のことですね。

Episode | 07

関根 そうです。とはいえ、仕事自体は楽しくやりがいがあると感じていましたので、当初は、仕事をしながら何かの資格を取ろうと思っていました。そのような中、銀行に勤めて3年目の秋に、公認会計士第二次試験に合格した知人から話を聞いたことがキッカケで、公認会計士の資格の取得を目指そうと思いました。そのため、銀行を退職して勉強に専念し、合格することができました。

関川 関根さんが第二次試験に合格した当時は、現在と違い、多くの監査法人に業務や人員が分散していて、就職先の選択肢がたくさんあったのではないかと思います。

関根 そうですね。また、当時は人手不足でしたし、男女雇用機会均等法の施行直前ということもあって、数少ない女性合格者を採用したいと多くの監査法人から歓迎していただきました。大学卒業時とは正反対で、どこが自分に合っているのか迷うような状況でした。

　そのような中、もともと、ライフイベントで仕事を中断しても復帰しやすくなると考えて資格を取ったことと、既に27歳になっていたことから、早く仕事を覚えられそうなところにしようと思って、青山監査法人に入所しました。当時は、外資系の監査法人のほうが、若いうちから責任のある仕事を任せてもらえるといわれていました。もっとも、実際には、日本公認会計士協会の会長になるまでずっと監査法人にいましたが。

◆ 監査法人での仕事

倉重 監査法人入所後は主にどのような仕事に従事されたのでしょうか。

関根 1985年に入所してから15年近くは、監査現場での仕事にほぼ100％従事していて、協会の仕事や監査法人の品質管理の業務にも携わったことはありませんでした。

　最初に担当したのは外資系の銀行の監査です。勤務経験があったので、その業務を理解していると思われたのかもしれませんが、3年弱、限られた業務を行っていただけですので、銀行の業務全体を理解できていたわけではありませんでした。

関川 そうでしょうね。

関根　しかし、この監査業務を通じて、銀行の業務の全体像が理解できるようになり、このことは、監査という仕事の大きな魅力の1つだと感じました。その後は、銀行以外の様々な業種の企業の監査を担当してきました。

関川　米国上場企業の監査などの国際的な業務が中心だったのでしょうか。

関根　いいえ。むしろ、マネージャーになるまでの6年ほどは日本基準の監査業務が中心でした。株式公開業務にもいくつか携わりました。米国上場企業の監査業務に従事するようになったのは、それから数年後からのことです。

◆ 協会役員就任のキッカケ

関川　監査現場一筋でキャリアを積まれる中で、1999年に協会の国際委員会の委員に就任されました。委員への就任のキッカケを教えてください。

関根　長く協会の業務に従事された法人の先輩の方にお誘いをいただいたのがキッカケです。国際委員会では国際監査基準（ISA）の担当となったのですが、実は、ISAというものがあるのを知ったのは、この時でした。

関川　このころは、国際会計基準は、既に話題になっていましたが、ISAが話題になることは少なかったですね。

関根　これがご縁となり、国際監査基準専門委員会の専門委員にも就任することとなりました。この専門委員会は、後に協会で一緒に副会長を務める池上玄さんが委員長で、友永道子さん（後に協会副会長）や小野行雄さん（後に企業会計基準委員会委員長）とも出会い、大きな刺激を受けました。

　そのころ、日本は、米国基準や国際基準を参考に基準や指針を策定していましたが、私は米国基準の監査を多く担当していたこともあり、監査基準委員会の活動を手伝ってほしいと依頼をいただき、監査実務指針の作成にも関与することになりました。

関川　2000年に青山監査法人が中央監査法人と合併して、中央青山監査法人になりましたが、監査法人内でのお仕事にも変化はあったのでしょうか。

関根　合併により所帯が大きくなり、部門に分かれたこともあって、担当する関与先はかなり変更になりました。また、監査法人内に新たにできた研究センターにも所属し、品質管理の仕事も行ったり、法人の所属するネットワークでの会計や監査のグローバルの会議のメンバーになったりと、それまでの

監査実務一辺倒からかなり変わりましたね。

倉重 そういう流れの中で、2007年に協会の常務理事（倫理担当）に就任されるわけですね。その翌年に、国際会計士連盟（IFAC）の国際会計士倫理基準審議会（IESBA）のボードメンバーにも就任されていますね。

関根 常務理事に就任する半年ほど前に、当時の協会の役員の方々から、立候補を打診されました。私は、それまで日本国内でも倫理規則の制定に関与したことはなかったのですが、倫理基準というのは、テクニカルな要素ももちろんあるものの、それ以上に、公認会計士や監査人としての物の考え方や姿勢に基づいて考えることが重要であり、私のそれまでの経験も生かすことができたのではないかと思います。

倉重 関根さんは、海外に住まわれたことはないと思いますが、英語はどのように勉強されたのでしょうか。

関根 英語はもともと好きだったのですが、大学時代に聞くことも話すこともできない自分に気づき、英会話を習ったり、語学研究所の授業を受けたりしました。外資系の銀行の業務でも英語は多少使いましたが、それ以上に、そうした経歴だからと、監査法人で英語の仕事がアサインされたため、必要に迫られて学びながら実践を積んだというのが実態です。

◆ 会長への立候補に当たっての決意

関川 その後、協会の副会長を経て会長に立候補されるわけですが、立候補に当たっての率直な思いを教えてください。

関根 副会長を2期6年務める中で、公認会計士業界をよりよくするために、また、公認会計士が社会に貢献するために何ができるかを常に考えていましたので、自身が将来、会長に立候補することも意識はしていました。とはいえ、当時所属していたあらた監査法人の方々とも相談して、会長への立候補を最終的に決断したのは、役員立候補の受付期日が近くなってからでした。

倉重 直前までとても悩まれたのですね。

関根 私が会長になることが公認会計士業界にとって最善の選択になり得るのかという点について最後まで考えました。大きな会計不祥事が発覚した直後でもあり、非常に厳しい時期でしたので、自分自身でその確信を持てなくて

は立候補してはいけないと思っていたのです。

◆ 監査の環境整備

関川 会長に就任され、「公認会計士監査の信頼性向上」、「多様な領域での会計インフラへの貢献」、「人材育成・魅力向上」を3つの柱として掲げられました。

関根 相互に関連する課題がたくさんある中、どのように対応していくか考え、できるだけわかりやすくと、私なりにこの3本柱として整理しました。

関川 最初に「公認会計士監査の信頼性向上」についておうかがいしたいと思います。関連する施策は多岐にわたっていたと思いますが、監査の環境整備に取り組まれたことが印象的です。

関根 監査の現場での長年の経験から、私は、現場で監査業務に従事する監査人1人ひとりがしっかりと監査を実施することが一番大切だと考えています。協会の責務はそれを支援することであり、すぐ結果を出すことが難しい課題ですが、監査環境の整備にまず取りかかることが重要だと考えた次第です。

●会計・監査フォーラムでの挨拶

倉重 期末監査期間の確保に向けた様々な取組をなされていましたね。

関根 情報量が飛躍的に増え、世の中が複雑かつ変化に富んだ現在では、監査において、実施しなければならない作業が非常に多くなっており、ともすると、それをこなすのに精一杯となってしまいます。しかし、高い品質の監査を行っていくには、作業の結果を考え、判断していくための一定の余裕も必要であり、現在の期末監査期間で十分かを再確認していくことが必要です。そのため、監査チームが被監査会社との協議を通じて、必要な期末監査期間を確保する後押しをするため、実態調査や会長声明の発出などを行いました。

倉重 ITの活用も重要なポイントですね。

関根 そのとおりです。監査作業が多くなっている背景には世の中の情報化、

Episode | 07

IT化もあるわけですから、監査もIT化で対応していく必要があると思っています。

　ただ、監査の場合は、被監査会社などに合わせる必要があることなどから、現時点では、人間が単純作業で対応する部分も多く残されてしまっています。今後は、そうした部分は、ITやAIを駆使して対応し、公認会計士に本来求められる「考える仕事」に時間を費やせるようにしていく必要があると考えています。

　協会でも、「監査におけるITの活用」について研究報告を公表するとともに、監査業務におけるITの活用事例を取りまとめ、パンフレット・動画を作成し一般へ公表するといった活動を進めました。今後、さらなる推進を期待しています。

◆ 監査法人のガバナンス・コード

倉重　関根さんは、協会の会長として、金融庁が設置した「監査法人ガバナンス・コードに関する有識者検討会」に参加されていましたが、この件に関して取り組まれたことを教えてください。

関根　有識者検討会での議論を通じて、外部から監査法人が必ずしも正しく理解されていないことを痛感しました。

　議論の中で、大手監査法人の組織が「たこつぼ」のようになっていると指摘される方がいらっしゃいました。確かに過去にはそういう面もあったかもしれません。しかし、現在このようなことはないはずと考えており、そうした意見が出た背景には、十分な情報発信が行われていない、あるいは、それが伝わっていない面もあると感じました。

　「監査法人のガバナンス・コード」をきっかけに、大手監査法人をはじめとしたいくつかの監査法人が、「監査品質に関する報告書」を公表するなど、監査法人の組織や運営方法等を社会に説明する取組を始めたのはとてもよかったと感じています。協会としても、監査法人情報開示検討プロジェクト・チームを立ち上げ、建設的な対話に資するよう「監査品質指標（AQI）に関する研究報告」を公表するなどの取組を行いました。

◆ 監査人の交代理由の開示の充実

関川 2016年3月に公表された「会計監査の在り方に関する懇談会」提言では、「監査人の交代理由等に関する開示の充実」も掲げられていましたね。

関根 提言では、それを協会が担うこととなっていましたが、その点に関して監査人だけの対応では難しいと感じていました。

関川 企業が監査法人を交代した理由を明確に説明しないと難しいということでしょうか。

関根 そうです。監査人の交代理由に関する前任と後任の監査人の認識が異なることも少なくありません。認識が異なったまま、監査人だけが開示するのではかえって混乱が生じることを懸念しました。この問題に関して、協会として何ができるか、何をすべきかを熟慮した結果、監査人交代理由に係るアンケートを実施し、結果を公表するとともに「監査人の交代理由等の開示の充実に係る日本公認会計士協会の取組について」を発出しました。また、協会が把握した監査人交代理由について、個社が特定されない概要形式で「品質管理委員会年次報告書」で公表を開始しました。

倉重 その後、金融庁が設置した「会計監査についての情報提供の充実に関する懇談会」（以下「情報提供充実懇談会」といいます。）が2019年1月に公表した報告書では、監査人の交代理由について、「交代の理由として、「任期満了」との記載は不適切であり、より実質的な内容を開示することが求められる」とされました。それを受けて、東京証券取引所の適時開示ガイドブックの改訂や、金融庁による内閣府令等の改正がされ、従前に比べ、交代の理由を具体的に記載する企業が増えてきています。

関根 協会から、真に実務を改善するためには、具体的な方策を検討する必要があることを主張し、理解を得られたと感じています。

◆ 通常とは異なる監査意見等（限定付適正意見、不適正意見、意見不表明）についての説明・情報提供

倉重 「情報提供充実懇談会」では、通常とは異なる監査意見についても検討課題に上がっていましたね。

Episode 07

関根　「意見不表明」や「限定付適正意見」における監査報告書の記述内容について、理解しづらいといった意見が出ていました。そういう意見があるのであれば、監査人として真摯に対応する必要があると考えています。

◆ 公認会計士の守秘義務

関川　情報提供充実懇談会では守秘義務についても検討がなされていました。

関根　公認会計士が守秘義務を理由に何も語ってこなかったといった意見をいただきました。

　守秘義務は、監査を実施する上での重要な前提であり、公認会計士は、この重要性を若いうちから徹底的に叩き込まれた結果、対外的な説明を控えた方が無難だという感覚に陥っている面があると感じています。しかし、監査は公共の利益のために行うものですから、監査人は守秘義務をしっかりと守りつつも必要な場合は説明を行い、社会からの信頼を保つ必要があります。実務を踏まえて関係者と十分に議論をする必要があると考えています。

◆ 品質管理レビュー

関川　「品質管理レビュー」の改善に取り組まれましたが、その取組について教えてください。

関根　品質管理レビューを受ける側は、ともすれば、レビューで指摘されないための監査を行うということにもなりがちです。これは、心情としては理解できるものの、監査の本来の姿ではありません。

　担当副会長のころから、自主規制としての品質管理レビューは、できていないところを単に指摘するのではなく、監査をより良い方向に導くよう、プロフェッショナル同士、お互いに議論をして高めていく必要があると言い続けており、これを実践できるような形にと改善を進めてきました。

● 定期総会での一コマ

また、監査業務をより良いものとするためには、理解を得るよう情報を発信して、関係者の意見に耳を傾ける必要もあると思います。品質管理レビューについても、レビューを受ける会員はもちろんのこと、監査役等関係者の方々にも情報を発信することが不可欠と考え、「品質管理委員会年次報告書」や「品質管理レビュー事例解説集」、「個別審査事案制度の活動概要」を一般向けに公表しています。

関川　品質管理レビューには公認会計士・監査審査会（CPAAOB）の検査との重複感を指摘する声もあったと思います。

関根　そうした声にも考慮して、CPAAOBとの実務者レベルでの検討等を通じて、レビュー方針や監査事務所の負担感・重複感を軽減しつつも、監査の品質向上にレビューと検査が一体的に貢献するための方策の検討を行ってきています。

◆ 自主規制の在り方

倉重　自主規制の在り方についても検討をされましたね。

関根　もともと、「公認会計士監査の信頼性向上」のためには、品質管理レビューに限らず、もっと大きな視点から協会の自主規制がどうあるべきかを議論する必要があると考え、検討を行いました。その結果、まずは個別事案審査体制・公表制度の見直しや品質管理レビューの制度改正を実施したわけですが、全ての論点への対応は私の任期中には完了しませんでした。

　完了していない施策等については、次期会長、執行部に引き継ぐとともに、監査の強化に関連する点については、監査強化対応会議報告書「日本公認会計士協会の監査強化の取組について」に取りまとめて公表しています。

◆ 公認会計士の活躍の広がり

関川　多様な領域での会計インフラへの貢献という施策を掲げられました。その狙いを教えてください。

関根　日本の公認会計士制度は、上場企業の監査を意識して誕生したものですが、最近では、社会福祉法人、医療法人などの非営利法人分野にも監査の領

177

域が広がっています。また、監査以外の分野に携わっている公認会計士の数も、近年、増加傾向にあります。

税理士登録をして、税務業務に従事している公認会計士は9,000人を超えていますし、最近は、専門知識と経験を持つ公認会計士が企業などで活躍するケースが増えてきています。

関川 英米などでは、Professional Accountants in Businessといわれる企業などに勤務する会計士が多数を占めていますが、日本でもそういう方が増えてきているわけですね。

関根 そうですね。

公認会計士の人数も増え、世の中が複雑化し、会計基準の適用も難しくなっていることなどもあって、企業などで活躍する方が多くなってきているのだと思います。また、企業のガバナンスを強化する流れの中で、社外取締役、社外監査役として活躍される公認会計士も増えてきています。

このような公認会計士の活躍フィールドの広がりに対応するため、そのフィールドに応じて、公会計協議会、税務業務協議会、組織内会計士協議会、公認会計士社外役員協議会といった協議会を設置しています。これらの協議会を通じて、情報の発信やニーズの確認、研修会の実施等の業務支援を強化しました。

◆ 持続可能な社会構築における協会の課題・取組検討委員会

倉重 関根さんは、自らを委員長とする特別委員会「持続可能な社会構築における協会の課題・取組検討委員会」を設置しました。この委員会の設置の背景を教えてください。

関根 この特別委員会は、2018年7月に公認会計士制度が70周年を迎えたことを契機に設置したものです。公認会計士は、様々な分野で活躍を求められてきていますが、今後、80年、90年、100年と、公認会計士制度が、そして、社会が持続的に発展していくためには、社会的課題を認識してそれに対応していく必要があります。

日本には、少子高齢化や人口減少、インフラの老朽化等、社会的課題が多

くあり、また、世界的には、2015年9月に国連で採択された「持続可能な開発目標（SDGs）」に掲げられた目標もあります。そうした課題や目標に対して、協会や公認会計士と社会との関わり方や社会的課題の解決に貢献するための課題及び取組の方向性を検討する必要があると考えた次第です。

SDGsについては、実は、2016年11月にIFACが「持続可能な開発のための2030アジェンダ―会計職業専門家の貢献」を公表

●SDGsカンファレンスでの挨拶

し、目標達成に向けて会計職業専門家が重要な役割を担えると思われる8つの目標を示しています。

倉重 2017年12月には、協会主催で「SDGsと経済発展―グローバルなビジネス環境への対応―」と題したカンファレンスを実施していますね。

関根 このカンファレンスでは、公認会計士がSDGs達成に向けて寄与していくことを対外的に表明しました。

関川 この企画を最初に聞いた時は、協会がこのようなテーマでイベントを開催することに少し驚きました。

関根 2017年の初頭ぐらいから、あちこちでSDGsの話はしていたのですが、まだ浸透していなかった面はあったと思います。

倉重 2019年6月には、この特別委員会の中間報告が公表されましたね。

関根 この中間報告は、内外環境変化や社会の将来像を理解した上で、将来における、社会の、そして、公認会計士、協会のあるべき姿・取組の方向性の提示を行っています。具体的な取組に関しては、今後、引き続き、各方面から意見をいただいた上で、特別委員会で検討をお願いしたいと考えています。

関川 本年6月に、京都でシンポジウムを実施されましたね。

関根 特別委員会においては地域の課題も多く取り扱っていることから、ぜひ、東京以外で開催したいと考えていました。ちょうど、2019年1月の日本経済新聞社の「全国市区・サステナブル度・SDGs先進度調査」において、京都市が第1位に選ばれたことから、京都で開催することとしたものです。

私がモデレーターを務めたパネルディスカッションでは、地方の状況を確

認した上で、専門家の活用、公認会計士の貢献のあり方について意見をいただきました。当事者の意見を聞くというこうした取組は継続していく必要があると考えています。

◆ 初の女性会長として

関川 関根さんは女性として初の会長に就任され、メディアから大変注目を浴びましたが、その点についてどのようにお感じだったのでしょうか。

関根 初の女性会長ということは、就任前から理解していましたが、想定していた以上に社会から注目され、驚きを感じました。同時に、この状況を活用し、公認会計士を少しでも理解してもらえるようにしていかなくてはいけないとも思いました。ですので、会長就任時に取材に来たメディアの方々に対して、協会から様々な情報を提供するようにしました。例えば、取材を受けた記者やメディア、さらには、私と名刺交換をした方々に対して、協会の動向などを知らせるメールマガジンを送付するなど、限られた予算の中で最大限の成果を得られるように知恵を絞りました。

◆ 女性会計士活躍促進協議会

倉重 関根さんが会長に就任された際に、「女性会計士活躍促進協議会」が設置されました。協会初の女性会長として、この協議会の活動には力を入れてこられたと思います。

関根 女性会計士活躍促進協議会の設立は、私が会長に就任する直前の総会で承認されたもので、その前にプロジェクトチームで検討をする等の準備をしていただいていました。

　公認会計士の仕事には、基本的に、男女の差別も区別もありませんが、公認会計士になる女性の割合は、ここ20年ほど、20％前後の状況が続いており、公認会計士全体に占める女性の割合は徐々に上昇しているものの、15％に満たない状況です。諸外国でこのように低いところはあまりありません。

　育児や介護には女性の負担が多いこと等から、日本では、キャリアを中断してしまう方が多く、そのため、女性の就業割合、さらには、管理職割合が

低いとされています。高校、あるいは、大学まで男女同様に教育を受けてきているのに、少子高齢化、人口減少の中で、女性の力を活用しないのはもったいないことです。人生は長いので、様々なライフイベントへの対応を含め、途中で仕事を休むことがあったとしても、また復帰できる世の中であってほしいと思っています。

　女性会計士のキャリア形成を妨げる障壁をなくし、女性がもっと生き生きと働き、また、男性も、24時間働くといったことのないようにしていく、公認会計士がその先鞭をつけられないかと考えています。

関川　女性会計士活躍促進協議会ではKPIを設定されましたね。協会の活動でこのような数値目標を設定することは、過去、あまりなかったように思います。

関根　長期にわたって取組を進めるために、一定の目標値を持ったほうがよいと思い、KPIを設定することとしました。区切りの時期と、一般にいわれている30％という数値を使用して「公認会計士制度100周年を迎える2048年度までに会員・準会員の女性比率を30％へ上昇させる」、「2030年度までに公認会計士試験合格者の女性比率を30％へ上昇させる」の2つとしました。これらを目標にした今後の努力とモニタリングが重要であると考えています。

◆ 会計基礎教育推進会議

倉重　「会計基礎教育推進会議」も関根さんが会長に就任された際に設置されました。この取組の進捗についてもお聞かせください。

関根　この推進会議の目的の1つに学校教育に会計を取り入れるという事項があり、中学校及び高校の次期の学習指導要領解説において、初めて「会計」が含まれることとなりました。学習指導要領の改訂は10年に一度で、ギリギリのタイミングでなんとか解説に盛り込むことができました。今後、教育現場で実際に会計教育が行われるよう、学校の先生へのフォローアップなど取組を継続していく必要があります。

Episode 07

◆ 公認会計士制度70周年記念事業

関川　公認会計士制度70周年を迎えて様々な記念行事を実施されましたね。

関根　過去、50周年時には大変盛大な形で周年行事が執り行われていましたが、今回は70周年ですので、そこまでの大規模な行事は必要ないものの、区切りとして、記念式典、記念パーティー、年史の作成を行うこととしました。

関川　記念式典では、安倍晋三内閣総理大臣のビデオレターの放映、ファーストリテイリング代表取締役会長兼社長の柳井　正氏による記念講演がありました。

● 70周年記念式典の模様

関根　実は、これまでの周年行事と実施方法を変えたのが、記念行事です。地域での協会活動に力を入れているところでしたので、各地域会にも70周年を記念した行事の開催をお願いしました。その結果、16の地域会全てで、それぞれ開催していただいたことにお礼を申し上げたいと思います。

関川　70周年記念事業の一環として、『会計・監査ジャーナル』誌面において長期にわたっての特集を組まれました。関係団体からの祝辞の掲載等のほか、特徴的な企画であったのが、この「歴代会長に聞く!!」でした。

関根　最初に事務局からこのアイデアが出たのですが、歴代会長に遠慮があるのか、実現は難しいのではないかということでした。

　しかし、歴代会長のお話をこの機会におうかがいすることは、非常に貴重なことですので、ぜひ、お願いしてみてほしいと機関誌編集委員会の委員や事務局の方々に伝え、実現することができました。スケジュールがタイトな中、対応いただいた歴代会長や機関誌編集委員会関係者には大変感謝しております。ただ、自分もインタビューを受けることになるとは考えてはいませんでしたね（笑）。

協会の運営の改革

関川 関根さんは、協会の運営の改革にも熱心に取り組まれました。その改革の中で、一番大きかったのは協会財政の改善であったのではないかと思います。先日の総会において、普通会費の値上げが承認されましたが、これについてお話をおうかがいできますか。

関根 協会の財政は赤字の状態が続いているものの、すぐに破綻するといった状況にあるわけではありません。しかし、協会の状況を考えていくと、今後、資源を投入していくべきことも多く、この状態をそのままにしてしまうと、将来に禍根を残してしまうのではと考え、私が会長の時に改善する決意を固めました。

関川 赤字の要因はどのようなものだったとお考えでしょうか。

関根 監査に関連した事項に力を注いでいるから赤字になっているのではないかといった意見をいただくことが多いですが、法定監査業務に対する業務会費で監査関連の活動は賄っていますので、そのように考えてはいません。

　赤字の原因は、会員が増加し業務が多様化する中、協会が行う業務がかなり多岐にわたっていることにあると考えています。協会自体の業務の効率化も図っているわけですが、それには限界があります。

関川 昔に比べて、協会のスタッフの数も増え、200人を超えていますね。

関根 協会は無報酬の役員や委員を中心とした運営をしてきましたが、この体制は近い将来限界を迎えると考えています。協会を皆で支えていくということ自体は大切にしていかなければなりませんが、それに頼り切りでは、現代の世の中の要請に適時に応えていくことが難しくなっています。

　そうした運営から脱却するには、協会スタッフの強化が重要であり、そのためには、ある程度、人件費をかけていかなくてはいけません。

協会の透明性向上

倉重 関根さんの会長在任中に、アニュアル・レポートの公表など、協会自体の透明性を高めるための施策も遂行されました。その狙いを教えてください。

関根 実は、統合報告書を作成してはどうかというアイデアが、私の前任の森

Episode 07

● 記者会見での一コマ

公高さんの会長時代からありました。そのため、当初は、統合報告書を作成しようと思ったのですが、最初から本格的な統合報告書の作成を目指すと時間を要することから、まずはアニュアル・レポートを作成し、徐々に記載内容を充実させていくこととしました。

関川　記者会見を定期的に開催するようにもなりましたね。

関根　以前は、必要に応じて記者会見を開催してきましたが、記者の方から「定期的に会見を開いてはどうか」という話がありました。企業や関係機関のトップの方々からも、メディアとのつながりを日常的に持ち、自身を理解してもらうことが重要だというお話をいただいたこともあり、2か月に1回程度、記者会見を開催することとしました。

関川　記者会見の要旨をウェブサイトに掲載することも始められました。

関根　記者会見では、様々な事項をメディアに伝えていますが、その時々に記者が関心を持っている事項について質問がなされ報道される傾向があります。

関川　記者会見の内容に関係のない質問がなされることも多いということですね。

関根　そのとおりです。そういった質問へ答えることも記者会見を行う意義となりますが、メディアの記事には、そうしたことが、メディアの方の言葉で掲載されます。記者会見を行うのは、協会が行っていることのうち、特に強調したいことを社会に伝えるためですので、メディアを通した記事だけでなく、社会や協会の会員・準会員にどのような内容を発信したのかを直接お知らせすることも重要であると考え、記者会見の概要を掲載することとしたのです。

◆ IFAC指名委員会

関川　関根さんは2019年1月からIFACの指名委員会のメンバーに選出されました。そもそも、指名委員会というのは、IFACの中でどのような活動を行

っているのでしょうか。

関根 指名委員会は、会長、副会長を含むIFAC理事会のメンバーや国際監査・保証基準審議会（IAASB）などの基準設定審議会、各種委員会のメンバーの候補者などの選考を行い、理事会に推薦する委員会です。メンバーは8人で、そのうちの2人がIFACの会長と副会長、ほかは6大陸から1人ずつ選出されています。

関川 IFACの活動の中核を占める委員会なのですね。具体的な選考プロセスはどのようなものなのでしょうか。

関根 世界各地から様々な方が立候補しますので、指名委員会のメンバーは、合計では1,000頁ほどもあるCV（職務経歴書）を全て読み、委員が各々でショートリストを作成します。それをもとに委員会としてのショートリストを取りまとめ、候補者にインタビューを行います。私自身も、様々な方のインタビューをしました。

関川 協会会長の責務を果たしながら指名委員会の活動をされるのは大変だったのではないでしょうか。

関根 もともと、2019年半ばには会長を退任するということで就任したのですが、指名委員会の活動は年の前半に集中しており、2019年は協会の会長職を務めながらの活動でしたので、日程の調整等、関係者の皆様にもご迷惑をおかけしてしまったかもしれません。

倉重 指名委員会の活動を通じて、何か新たな発見はありましたでしょうか。

関根 指名委員会に参加して、国際的な場で活躍する方に求められる能力について改めて理解することができました。

　例えば、候補者の中にも英語がすごく上手な方と、それほどでもない方がいらっしゃいますが、前者の方が、必ずしも高い評価を受けるわけではありません。

　IFACで使用する言語は英語ですので、一定の英語力はもちろん必要ですが、それほど流暢な英語でなくとも、国際会議の場で、自分の考えを英語で説得力のある形で説明することができれば問題ないのだと感じました。英語に尻込みせず、ぜひ、多くの方にチャレンジしていただきたいと思います。

185

Episode | 07

◆ 会長時代のストレス解消方法

倉重 協会の会長職は非常に多忙で、ストレスも大きかったと思います。ストレスの解消はどのようにされていたのでしょうか。

関根 休みの日に温泉などに旅行していましたね。会長に就任した際、この3年間は全身全霊を込めて会長職を全うすると話していたので、なかなか温泉にも行けないですねといわれていました。しかし、全身全霊をこめて会長職を全うするためには、ストレス解消も必要だと思い、方針転換して、数日間連続して休みが取れるときには、温泉などに旅行に出かけていました。

関川 例えば、どのような場所に行かれたのでしょうか。

関根 関東近辺の温泉を順番に巡って行きましたね。主人が青森にいましたので、青森近辺の温泉もほとんど訪れたと思います。

　　また、関係者からいろいろな厳しい意見をいただき大変では、と気遣っていただくこともありましたが、我々のことを思って言ってくださっているのだと前向きにとらえるようにしていたところ、いろいろな経験をするうちに、どんなことが生じても、常に物事を前向きにとらえるようになりました。

関川 公私問わず、この3年間で特に印象的だった出来事があれば教えてください。

関根 印象に残っていることはたくさんありますが、まずは、1年目に各地域会をまわり、東京でみているのと異なる様々な意見をいただけたことです。

　　また、女性が会長となり、各地の女性会員の方が喜んでくださり、協会で行う会合に初めて参加したとおっしゃる方が多かったのはとてもうれしく思いました。

　　企業の方々等、会員外の方々と接する機会も多くありましたので、少しでも興味を持っていただこうと、名刺交換した方にメルマガをお送りするようにしたところ、見ているよと多くの方に声をかけていただいたのも印象的でした。

◆ 公認会計士業界へのエール

関川 最後に、公認会計士制度100周年に向けて、公認会計士業界へのエール

をお願いします。

関根 私の任期中に公認会計士制度70周年を迎えましたが、その際に、70年の長きにわたり制度を維持発展してきた先達の方々に感謝するとともに、将来を見据えていかなければならない、ちょうど区切りのよい100周年に向けてと話してきました。これは、節目ということだけでなく、公認会計士には若い方が多く、その未来を考えることが大切であると改めて認識したためです。

　公認会計士は幅広い分野で国民経済の健全な発展と社会的な課題解決に貢献できると考えており、皆でイキイキと働いて、100周年を祝えるのを楽しみにしています。

倉重 本日はお忙しい中、ありがとうございました。今後、ますますのご活躍を期待しております。

関根 こちらこそありがとうございました。

非財務情報開示の発展

　近年、統合報告書の発行や制度開示における記述情報充実化の動きが活発化しているが、こうした非財務情報の開示は、1980年代以降の米英における国レベルの取組みを端緒に、世界的な動きへと展開していったものである。

【アメリカ・イギリスにおける非財務情報開示の興り】
　アメリカでは1982年に「財政状態及び経営成績に関する経営者による討議と分析（MD&A）」が上場企業等の法定年次開示書類であるForm10-Kに導入された。MD&A開示は財務情報を解説する情報としての位置付けであるが、米国公認会計士協会（AICPA）はジェンキンス報告書[1]を公表し、投資家及び債権者にとって有用な情報としての非財務情報に言及するとともに、将来志向情報としての機会とリスク、経営者の計画を含む企業報告モデルを提案した。その後、AICPAが中心となって改善された事業報告（EBR）が提唱されてきた。こうした事業報告の質を高めていく動きとは別の流れではあるが、環境問題が企業価値に及ぼす影響に懸念を持つグループから気候変動情報に関する開示要請を受け、SECは2010年に気候変動開示ガイダンスを公表した。その後、SECへの提出書類に反映することを目指す民間イニシアティブであるサステナビリティ開示基準審議会（SASB）が設立され、業種別のサステナビリティに関する指標基準が開発されたが、制度上の動きにはつながっていない。
　イギリスにおいても、アメリカにおけるMD&Aと同様に、業績、経営成績と財政状態の要因分析についての開示を進めることを狙い、1993年、英国会計基準審議会（ASB）から「営業・財務概況OFR（Operating and Financial Review）に関する意見書」が公表された。当初は任意開示を想定したものであったが、1992年のキャドバリー報告書[2]及び1998年統合規範（Combined Code）における「企業の状況についてのバランスの取れた、分かりやすい評価を示すこと」についての取締役の責務を具現化する形で、OFRの制度化に向けた動きが加速した。さらに、ASBが公表した2003年の意見書では、非財務を含む業績概念が明確にされたことに加え、環境、従業員及び社会に関する情報要請が追加された。その後、2006年の会社法改正における、事業の概観を提供することを目的とするビジネスレビューの開示要請等を通じて、年次報告書における非財務情報の量は飛躍的に増加した。一方、形式的な開示が蔓延し、無秩序な情報開示による有用性低下が生じたことから、重要性（マテリアリティ）に焦点を当てた開示を強化することが提起された。2013年の会社法

改正を通じて、戦略とビジネスモデルを軸に財務情報と非財務情報とを体系的に構成する報告を実現するべく、戦略報告書が導入された。こうした英国における一連の開示制度改革は、非財務情報の位置付けを財務情報を補完するものから、企業価値を財務情報と共に表すものへと引き上げた。

【非財務情報に関するグローバル・イニシアティブ】

　2000年代に入ると、こうした国レベルの開示要請の高まりは、民間イニシアティブによるグローバルな非財務情報に関するフレームワーク等の開発へと展開していった。持続可能性に関する企業情報を開示する取組みを推進するグローバル・リポーティング・イニシアティブ（GRI）は、2002年、持続可能性報告書に関するガイドラインを発行した。GRIは株主だけでなく、従業員、地域社会を含む多様なステークホルダーへの報告と対話を重視した枠組みであり、2013年にＧ４ガイドラインを公表し、2017年には準拠可能性を高めたGRIスタンダードを発行した。

　また、英国発のイニシアティブを中心に、投資家向けにESG情報を開示する動きも強まった。代表的な例が気候変動情報に関する開示要請であり、2000年に設立されたカーボン・ディスクロージャー・プロジェクト（CDP）は温室効果ガス等の気候変動情報についての質問状を世界の時価総額上位企業に送付し、回答を公開する取組みを進めてきた。CDPを中心に、気候開示基準委員会（CDSB）が設立され、財務報告における気候情報の開示フレームワークを提唱した。2015年の気候変動対策に関するパリ協定を受け、金融安定理事会（FSB）が設置した「気候関連財務情報開示タスクフォース（TCFD）」は2017年に最終報告書「TCFD提言」を公表し、気候関連財務情報の開示推進を図った。

　投資家によるESG情報のニーズは、投資家によるスチュワードシップ・コードの高まり、及び責任投資原則（PRI）に対応した長期的視点に立った機関投資家行動によって、さらなる広がりを見せている。このような情報ニーズの高まりに呼応する形で、企業の長期的な価値創造能力を財務情報と非財務情報とを効果的に組み合わせて開示する統合報告の実務が拡大している。2011年に設立された国際統合報告評議会（IIRC）には、財務報告基準設定主体や非財務情報に関連するイニシアティブ、各国の会計士団体や国際会計事務所、企業、投資家団体、NGO等の多様な組織が参画し、2013年の国際統合報告フレームワーク発行に至った。多様な資本を基礎とする企業価値概念に基づき、戦略やビジネスモデル、財務・非財務の業績情報、リスク・機会、ガバナンス情報等を、将来志向で開示することによって、長期的視点に立った企業価値に関する報告モデル実現を目指した。こうした企業報告に

Column

関する新興イニシアティブによる取組みを受け、財務報告を取り扱う国際会計基準審議会（IASB）は2010年に作成したマネジメント・コメンタリーに関する実務記述書を改訂するプロジェクトをスタートさせており、財務情報と非財務情報との連携を深める動きが強まっている。

【日本における展開】

わが国における非財務情報開示は、制度開示と自主開示という2つの流れが並行する形で展開してきた。制度開示においては、金融ビッグバンを受けた開示制度改革の一環として2003年に、コーポレート・ガバナンス情報、リスク情報、経営者による財務・経営成績の分析に関する情報が、有価証券報告書の記載項目として追加された。

一方、自主開示においては、世界的な持続可能性報告の流れを受け、環境報告書、CSR報告書、持続可能性報告書の発行数が増加した。IIRCによる統合報告の提唱後は、自主的な年次報告書における非財務情報を充実化する形で、統合報告書を発行する企業が急速に増えている。持続可能性報告書等で開示されてきたESG情報についても統合報告書を活用して体系的に開示する取り組みも進んだ。コーポレートガバナンス・コード及びスチュワードシップ・コードによる企業・投資家間の対話推進の動きや、経済産業省の公表した「伊藤レポート」[3]、これに続く「価値協創のための統合的開示・対話ガイダンス」は、経営者の視点からビジョンや戦略を伝える取組みを後押しした。また、年金積立金管理運用独立行政法人（GPIF）を含む機関投資家からの統合報告書等を通じた非財務情報の開示要請[4]も強まり、JICPAも統合報告に関するビジョン文書[5]を公表するなど、多様な主体による幅広い取組みが展開されている。

こうした自主開示を巡る動きに呼応する形で、制度開示においても非財務情報の充実化が図られている。金融庁は2018年に金融審議会ディスクロージャーワーキング・グループ報告「資本市場における好循環の実現に向けて」を公表し、記述情報の充実化を提唱した。その後、「企業内容等の開示に関する内閣府令」の改正、さらには「記述情報の開示に関する原則」策定と、ルールへの形式的な対応にとどまらない開示の充実に向けた企業の取組みを促し、開示の充実を図るための取組みが進んだ。

公認会計士業界におけるダイバーシティの変遷

関根前会長へのインタビューにあるとおり、2016年にJICPAは会則改正を行い、女性会計士活躍促進協議会を設置し、女性活躍促進への取組みを進めている。2019年7月に発足したJICPAの新執行部では、多様化した公認会計士の働き方への支援やネットワーキング構築の促進のために、従来から活動を続けてきた女性会計士活躍促進協議会、社外役員会計士協議会、組織内会計士協議会を通じた取組みについて相互連携を促進するために、これらを束ねた「ダイバーシティ・ネットワーキング」担当の常務理事を置き、取組みの強化が進んでいる。このコラムでは、女性公認会計士を中心として[6]、公認会計士業界におけるダイバーシティの変遷を簡単に紹介したい。

【女性公認会計士の歴史】

わが国で初めて女性の公認会計士が生まれたのは、1951年のことであり、2名の女性が公認会計士登録をしている。以後、少しずつ増え続け、1973年12月末現在の女性会計士数は32名であった[7]。当時の公認会計士数4,637名に対する比率は1％未満である。そのような状況ではあったが、1973年には、初めて女性がJICPAの本部役員（理事）に就任している。

1970年代までは、例外的な年を除き、公認会計士第2次試験の女性合格者数は、10名未満であり、合格者に占める割合は、2～3％程度の年が多かった。第2次試験の合格者に占める女性の割合が初めて5％を超えたのは1982年、10％は1986年、15％は1990年、20％は1995年のことである。但し、1995年以降、第2次試験[8]合格者に占める女性の割合は、ほぼ横ばいで推移している。

女性公認会計士の数は、2018年12月末現在で、4,406人、公認会計士全体に占める割合は、14.1％となっている。

JICPA初の女性副会長は、関根前会長のインタビューにも出てくる友永道子氏で、2007年に就任している。それ以降、JICPAには、会長又は副会長（7名）に必ず1名は女性が就任している状態が続いており、2019年7月からは、女性副会長は2名となっている。また、2019年10月末現在の役員構成では、本部役員89名中女性役員は13名であり、その比率14.6％と、会員の女性構成比とほぼ等しい。

各監査法人では、ダイバーシティの推進を経営課題として掲げており、女性公認会計士の管理職、パートナーへの登用を進めている。各監査法人の監査品質に関する報告書での開示を見ると、女性社員（パートナー）比率は、現在、7～8％程度

Column

のようである。また、大手監査法人の中では、女性理事長や女性ボード議長などが誕生するに至っている。

【女性会計士活躍促進協議会の設置とKPIの設定】

　政府は、男女共同参画社会の形成に当たり、政策・方針決定過程への女性の参画拡大が極めて重要であるとし、2010年12月に閣議決定した第3次男女共同参画基本計画において、「社会のあらゆる分野において、2020年までに、指導的地位に女性が占める割合が、少なくとも30％程度になるよう期待」という目標を掲げた。

　この政府方針を踏まえ、JICPAは、2014年10月にプロジェクトチームを設置し、女性会員・準会員の一層の活躍に向けた環境整備・支援策を検討した。2016年9月の「女性会計士活躍促進協議会」の設置は、このプロジェクトチームからの提言に基づくものである。

　同協議会は、2017年1月にキックオフ・イベントとして、同協議会主催セミナー「公認会計士の魅力と女性活躍の展望」を開催したのを皮切りに、各地域会での女性会員・準会員の現状等の確認を目的とした意見交換・懇親会の開催、復職支援のための研修会などを開催すると共に、女子高校生向けのイベントの開催などの広報活動を強化している。

　関根前会長へのインタビューにあるように、同協議会からの意見具申に基づき、JICPAは、2018年12月、女性会計士活躍の更なる促進のためのKPI（2048年までに会員・準会員の女性比率30％、2030年までに公認会計士試験合格者の女性比率30％）を設定した。これらのKPIを目標にJICPAは、その後も活動を強化している。

　なお、2019年度の公認会計士試験では女性が合格者に占める割合が23.6％と過去最高を記録した。

脚注

1）Improving Business Reporting- A Customer Focus: Meeting the Information Needs of Investors and Creditors, AICPA, 1994

2）コーポレート・ガバナンスの財務的側面に関する委員会報告書。

3）『『持続的成長への競争力とインセンティブ〜企業と投資家の望ましい関係構築〜』プロジェクト」最終報告書。

4）例えば、GPIFは運用委託先の協力を得て「優れた統合報告書」を公表するほか、機関投資家による統合報告書の利用状況に関する調査結果を公表する等の取組みを進めている。

5）「統合報告の将来ビジョンと公認会計士の役割〜持続的な価値創造サイクルを支える企業報告モデル構築に向けて〜」JICPA、2018。

6）公認会計士が取組む仕事・業務面の多様性については、本書コラム「公認会計士の多様化」（21ペ

ージ）で取り上げている。

7）『公認会計士制度25年史資料編』、JICPA、932ページ。

8）2006年以降は、新制度による「公認会計士試験」。

Column　参考資料

- 『公認会計士制度25年史』、日本公認会計士協会、1975年
- 『公認会計士制度25年史資料編』、日本公認会計士協会、1975年
- 『公認会計士制度35年史―最近の10年―』、日本公認会計士協会、1988年
- 『公認会計士制度50年史―最近の15年―』、日本公認会計士協会、2000年
- 『公認会計士制度60年史―最近の10年―』、日本公認会計士協会、2010年
- 『公認会計士制度70年史―最近の10年―』、日本公認会計士協会、2019年
- 『朝日監査法人25年史』
- 『太田昭和監査法人史』
- 『DH&S-Japan60年史』
- 『トーマツ30年史』
- 『銀行の不良債権処理と会計・監査』、児島隆　著、中央経済社、2015年
- 『国際会計　改訂版』、杉本徳栄　著、同文舘出版、2008年
- 『国際会計　鼎談　これまでの100年これからの100年』、藤沼亜起、八田進二、橋本尚、同文舘出版、2004年
- 『国際会計基準の実務』、日本公認会計士協会編、第一法規出版、1995年
- 『［私本］会計・監査業務戦後史』、川北博　著、日本公認会計士協会出版局、2008年
- 『世界の会計思潮―国際会計会議80年の流れ―』、中地宏　著、同文舘、1985年
- 『戦後企業会計史』、遠藤博志、小宮山賢、逆瀬重郎、多賀谷充、橋本尚、中央経済社、2015年
- 『わが国監査法人の展開―監査業界の国際的変遷のなかで―』、原征士
- 『我が国のIFRSの取り組み』（JICPAウェブサイト：https://jicpa.or.jp/specialized_field/ifrs/education/
- 『IASC理事会報告（ヴェニス会議）』、山崎彰三、山田辰巳、「JICPAジャーナル」2000年3月号、第一法規、2000年
- 『Confederation of Asia Pacific Accountants 1957-2017 sixty years …… and counting』

		会計・監査ジャーナル掲載号
Episode 01	山本 秀夫 氏	2018 年 12 月号
Episode 02	奥山 章雄 氏	2018 年 11 月号
Episode 03	藤沼 亜起 氏	2018 年 10 月号
Episode 04	増田 宏一 氏	2018 年 9 月号
Episode 05	山崎 彰三 氏	2018 年 8 月号
Episode 06	森　公高 氏	2018 年 7 月号
Episode 07	関根 愛子 氏	2019 年 11 月号

● コラム執筆者一覧

Episode 01	監査法人制度の確立と発展	関川　正
	公認会計士の多様化	関川　正 齋藤 光司
Episode 02	エンロン・ワールドコム事件の衝撃 ―SOX 法の制定とそれが世界に与えた影響―	関川　正
	銀行監査の歴史	関川　正 齋藤 光司
Episode 03	海外会計事務所の日本進出と日本の監査法人との提携の変遷	関川　正
	世界会計士会議と国際会計士連盟の歴史	関川　正
Episode 04	公認会計士試験制度の変遷	関川　正
	監査制度の変遷	関川　正 齋藤 光司
Episode 05	アジア太平洋会計士連盟の歴史	関川　正
	IASC から IASB へ―会計基準の国際的調和化・統一化の歴史―	関川　正
Episode 06	公認会計士による税務業務の歴史	関川　正 齋藤 光司
	非営利法人への公認会計士監査の導入	関川　正 齋藤 光司
Episode 07	非財務情報開示の発展	森　洋一
	公認会計士業界におけるダイバーシティの変遷	関川　正 齋藤 光司

本書は、「会計・監査ジャーナル」2018年7月号〜12月号、2019年11月号の連載を書籍化したものです。

著作権法により無断複写複製は禁止されています。

日本公認会計士協会 歴代会長に聞く
―公認会計士の歩み―

2019年12月25日　初版発行

編　者　日本公認会計士協会 ©

発行者　手　塚　正　彦

発行所　日本公認会計士協会出版局

　　　　〒102-8264　東京都千代田区九段南4-4-1　公認会計士会館
　　　　電話　03(3515)1124
　　　　FAX　03(3515)1154
　　　　URL：https://jicpa.or.jp/

Printed in Japan 2019

製版：(有)一　企　画
印刷製本：(株)あかね印刷工芸社

落丁、乱丁本はお取り替えします。
本書に関するお問い合わせは、読者窓口：book@sec.jicpa.or.jp までお願い致します。

ISBN 978-4-904901-96-0 C2034